人生は夢にぼた餅
80過ぎても
楽しく生きとるねぇ

著者／祖母と孫ちゃんねる

KADOKAWA

ブックデザイン　松田剛、平田麻依（東京100ミリバールスタジオ）
校閲　鷗来堂
撮影　門出格宏（扉、P108、P110）
編集　重藤歩美

はじめに

本書を手に取っていただきありがとうございます。祖母と過ごす時間をＳＮＳへ投稿している孫のyoshinoです。

わたしは２０１６年頃から祖父母宅へ定期的に通ってサポートしています。「今日はおじいちゃんとおばあちゃんとここへ行ったよ」「一緒にこんなものを食べたよ」と他の家族へ報告するために祖父母の写真や動画を撮るようになりました。孫のわたしだからこそ撮れた祖父母の笑顔を家族と共有出来たときは、なんだか誇らしい気持ちになったことを今でもよく覚えています。

ある日、スマホのカメラロールにたくさんある祖母の動画がふと目にとまりました。遊び心でテロップや音楽を加えた祖母の動画を家族へ送ると、とても楽しそうに笑って見てくれ、とても嬉しかったです。

そんな何気なく編集した祖母の動画を2021年4月からSNSへ投稿し、気づくと3週間ほどでTikTokのフォロワー数は10万人を超え、今ではSNSの総フォロワー数が65万人を超えました（2024年現在）。

とはいえ、SNSへ投稿をしていてもフォロワー数が増えても、わたしたちの関係は何も変わっておらず、今でもそのへんにいるような「祖母と孫」です。わたしたち家族の何気ないやりとりを多くの方に見守っていただけることに不思議な感覚もありますが、視聴者の皆様から届く温かい言葉にたくさんの元気をいただいています。いつもありがとうございます。

普段からわたしたちの投稿を楽しんでくださっている方には、本書を通して今までより少し深く知っていただき、今後の投稿をより楽しくご覧いただければ嬉しいです。

本書をきっかけにわたしたちと出会ってくださった方には「こんな家族もいるんだね」「歳を重ねることもわるくないね」とゆるっと受け止めていただければ幸いです。

本書の本文は、祖母と一緒にいろいろなことを振り返りながらわたしが文章にしたものです。ＳＮＳでは触れてこなかったことも含めて、たくさんのことを盛り込みました。本文では祖母目線で「わたし」として書きます。

タイトルに含めた「夢にぼた餅だ！」は、思いがけない喜びにあうときに祖母がよく使っている言葉です。人生のひとつひとつの時間を柔軟に歩む祖母の姿を、ゆるっと楽しくご一読いただければ大変光栄です。

わたしたちは安全面を考えて本名や住所（過去に住んでいた地域を含む）はＳＮＳで公開していないため、本書でも伏せさせていただきます。なんとなく「このあたりに住んでいそうだな」と想像していただければと思います。

祖母はＳＮＳで視聴者の皆様から「おばあちゃん」「お母さん」とよんでいただいています。お気軽によびやすいようよんでください。

祖母と孫ちゃんねる　yoshino

もくじ

2章 好きなことして心もカラドも元気に

3章 食べることが元気の源！

4章 孫との旅行

わたしはこんな人

おしゃべり大好き！
楽しくなると止まらん
くなっちゃう

お花は見るのも
育てるのも大好き

甘いもんと海鮮には
目がないです！
いくらでも食べれる

畑の草取りは
毎日やっとるよ

嬉しいとすぐ
泣けちまうんだ

楽しいことも
おちょける
ことも
大好き！

もう出荷は
せんけど
今でも畑で
野菜を育てとる

毎日何回も
夫（仏壇）に
声をかけとるよ

孫との時間は
楽しくて
一番最高！

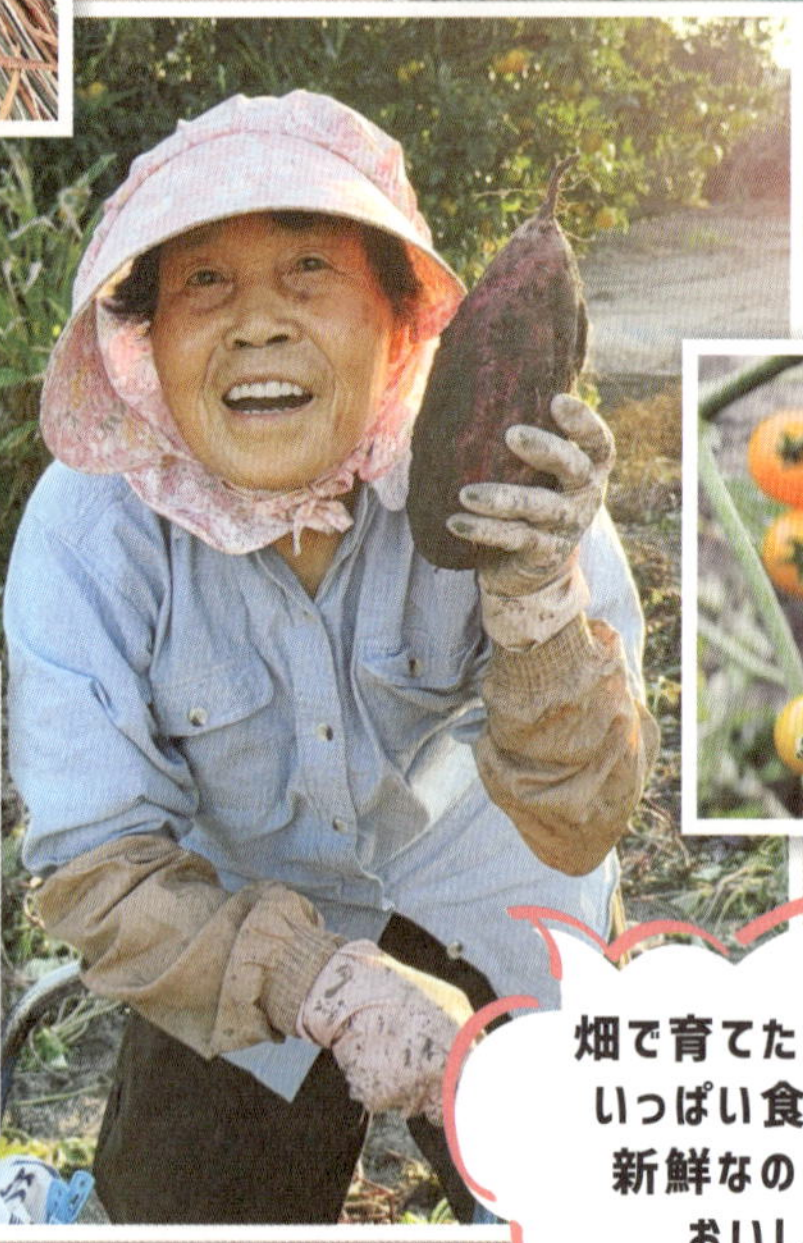

畑で育てた旬の野菜を
いっぱい食べとるよ！
新鮮なのはやっぱり
おいしいねぇ

1章

わたしの今までのあれこれ

今のわたしは

海の近くの田舎町にある漁師と農家をしとる家で生まれました。7人きょうだいの末っ子です。今は息子と娘がひとりずつ、孫は5人、ひ孫は2人おります。
親やきょうだいが暮らしとる町から離れたとこへ嫁ぎ数十年経っとるけど、生まれ育った町がやっぱり大好きでねぇ。今でも生まれ育ったとこの言葉をよぉ使っとるわ。

嫁いでからは農家としてずっと忙しくしとったけど、今は出来ることをしとるだけ。夫は2018年にあっちの国へ行きました。子や孫、周りのみんなが優しくしてくれるで、こんな歳になっても今の暮らしを楽しんどります。

朝起きると夫が好きだった熱い緑茶を仏壇へ持ってくの。畑へ行くときや出かけるとき、帰宅したとき、寝る前など、いつでも夫に話しかけとる。もちろん夫から返事はないけどね（笑）。ずっと一緒におったで、それが当たり前なの。

車の運転免許証を持っとらんで若いときから自転車でどこへでも行っとったけど、数年前から腰がよぉ曲がってきてね。ひとりではどっこも行けんくなっちゃったけど、唯一行けるのが自分の畑。野菜や花を育てるのが楽しみ！　広い敷地の草を取っとると、あっという間に1日が終わって「あ〜れま、こんな時間!?」と毎日思っとる。

わたしが自転車へ乗れんくなったり夫が運転免許証を返納したりした頃から、孫が定期的にわたしと夫のサポートをしに通ってくれとるの。通院、買い物、畑仕事、お墓参り、友人宅へのお裾分けなど身の回りのことをよぉやってくれとってねぇ。

いつからか孫がわたしと過ごす時間をあの画面で観るやつ（TikTok、Instagram、YouTubeなど）へ投稿するようになったんだわ。携帯電話を持ったことがないでよぉ分からんだけど、わたしを応援してくれる人がたくさんおるみたいで嬉しい限り。

最近では出かけたときに視聴者さんから「いつも観とるよ」なんて声をかけてもらうこともあってねぇ！　本当にありがたいことだねぇ。

毎日草との戦いだわ。草に負けんよう頑張っとるよ

これ結構重たいだニン!
(YouTube チャンネル登録者 10 万人記念の銀の盾)

子どもの頃に戦争を経験しとるよ

母は末っ子のわたしを産むときに血の道症になったらしく、とても耳が遠くなったの。だから家族みんな大きな声で会話してってね。そのせいだか「声が大きくて高い」って言われるんだわ。自分じゃよぉ分からんけどね。

幼少期に戦争が始まったもんで、なんもない時代を経験しとるよ。わたしの家は畑や田んぼがあったし、漁師もしとったもんで、戦時中や戦後の食べ物がない時代でもなんとか食べることが出来とった。今、当たり前にあるようなお菓子やなんかはなかったで、おやつは畑のナスやキュウリを丸かじりしとったくらい。お砂糖なんてもんはものすごく貴重なもんだで、たまに口に出来たときは嬉しかったぁ。今はなんでもあるで感謝だねぇ。

戦争のときは供出（米・麦などの農作物の割当量を法律に従って政府に売り渡すこと）があったもんで、家でこしらえた米もほとんど残らんだだわ。

畑や田んぼがない家の人は、食べるに困るとよぉうちに来たの。なんだか同情を誘うような可哀想な話をいっぱいしてねぇ。家族が病気だとかなんとか言うもんで、食べ物を分けてあげることもあったよ。そのあとたまたまその人の近所に住む人と話すことがあって、聞いてみると家族みんな元気だったりもして。あの時代はうまく立ち回らんと生きていけん時代だもん。騙したり騙されたり…。そんな話ばっか聞いとったわ。

それでもうちの母はあったかい人でねぇ。何かが多めにあるときは近所に分けたりして、いつも周りに親切にしとった。

戦争に行く人で遠い地方からわたしらの住む地域に寄る人もあっただわ。身寄りがないもんで、突然うちに来る人もあってねぇ。そうすると母親がないながらもいろいろこしらえたんだわ。お砂糖があるときはぼた餅を作るで、少しもらって食べるのが楽しみだったの。来てくれた人にはお腹いっぱい食べてもらって、翌朝戦争へ見送っただわ。

戦争に行って帰ってこん人もいっぱいおったけど、うちに寄ってくれた人が終戦数年後に訪ねてくれることがあってねぇ。

「あのときはお腹いっぱい食べさせてくれてありがとうございます」って家族と一緒にお礼にきてくれて。親ときょうだいと一緒に大喜びだった！

戦争で空襲警報が鳴るとみんなで走ったよ。焼夷弾が目の前に飛んできたとき、兄が手を引いてくれたでなんとか生き延びただわ。学校へ上がっても逃げる練習ばっかりで落ち着いて勉強した記憶はない。そいだもんで今でも読み書きは苦手だわ。新聞やなんかは読むけどねぇ。

その頃は靴も売ってないで、わら草履を履いとった。1日履いたらボロボロんなるもんで毎晩両親がこしらえてくれてねぇ。大変だったと思うよ。

運動靴は配給されるだけど、数が少ないでくじ引き！　定期的に近所であってね。でも当たってもサイズが自分に合わんこともあって、そういうときは周りの人に譲るだわ。

海産物もよぉ食べとった

子どもの頃、朝早くに親や姉が海へ貝や魚を獲りに行っただわ。わたしは小さかったもんで邪魔になるだけだで家におったけどねぇ。そいで売れるもんは売りに行って、余ったもんを家で食べとったんだ。小さいカニがよぉ味噌汁に入っとったよ。今でもカニやエビは大好きで自分で剥いていくらでも食べれるわ!

アサリとかの貝もよぉ獲れたもんで、いっぱい剥いて佃煮やなんかにしたよ。こっちにお嫁に来るときに貝剥きを父親が持たしてくれたんだ。それがこれ! 嫁入り道具で今でも使っとるのはこれくらい。

たまに孫が殻付きの牡蠣を持ってくるで、わたしがぜんぶ剥いてやるの。牡蠣の殻はケガしやすいもんで、コツがいるだわ。

この貝剥きは嫁入りんときからよぉ使っとる! いつもは紙に包んで大事にしまっとるの

修学旅行へ行けただけ良かっただわ

小学校の修学旅行では日光と鎌倉へ。出発の朝はものすごい土砂降りでねぇ。学校までは近いんだけど、足元が濡れると大変だからと母親が心配していたら、兄が学校までおぶさって連れてってくれたんだ。着替えとかの荷物が入った大きいバッグはわたしが持っててねぇ。「おれが送ってってたるわ」の兄の一言が嬉しくて、今でもよぉ覚えとる。おかげで無事に集合場所まで行けただ。

泊まる宿に着いて一番にすることは、お米を提出すること。当時はお米もそんなに出回ってないもんで、各家庭で自分のお米を用意したんだわ。家によってはそのお米を用意するのも本当に大変だったと思うよ。それを夕食のときに炊いてもらって、ほんの少しの漬物と小さな魚を焼いたものと味噌汁を一緒に出してもらったの。これっぽっちかと思ったけど、何もない時代だで仕方がないねぇ。夕食のときに炊いたご飯をおにぎりにして、翌朝持たせてもらった。

移動で乗った電車はガタンゴトンよぉ揺れて大変だったけど、わたしたちは修学旅行へ行けただけ良かっただわ。戦争の影響で行けん人も多かったでねぇ。

夏休みは姉の家に泊まり込みで氷屋を手伝っとったよ

わたしが中学生になる頃は一番上の姉が結婚して氷屋をしとったもんで、夏休みは泊まり込みで手伝っとったよ。姉はわたしより17歳上。当時は冷蔵庫がないもんで、氷で食品を冷やすだねぇ。牛をさばくところ（食肉解体場）や、お祭りの縁日に大きな氷を運んで昼間は大忙しだった。

夜になると余った氷を姉がくれて、大きな鍋いっぱいのかき氷を食べとったよ。「あんた、本当によぉ食べるねぇ！」っていつも姉が言っとったけど、昔から今でも氷は大好き！　冷たいもんでお腹を壊したこと？　そんなもんないわ！

今では孫が夏になるとよぉかき氷を食べに連れてってくれる。動画を観た人から心配してもらうこともあるみたいだけどが、なんもご心配なく！　次の夏は何回食べれるかな〜。

冷たいもんと甘いもんに関しては、孫よりお腹は若いです！　ふふんっ（笑）。

実家で海苔を作るのを手伝っとった

家族で海苔も作っとったよ。11〜3月頃かなぁ。海苔を外で薄く広げて乾かすだけど、お日さんの出とる時間と勝負だもんで本当大忙し。夜になると家の中で小さい灯りをつけて１００枚ずつ束ねてねぇ。それをたくさん作って売りに行くだわ。嫁いだあとは兄が海苔をよぉ送ってくれた。「そっちは海苔がないだろうから」って。

炊き立てのご飯をサッと炙った海苔で巻いて醤油を少しつけて食べるのが好き！　いくらでも食べれるわ。昔の海苔は今より薄くておいしかったニン。

末っ子だもんで甥や姪の子守ばっかだわ

姉や兄がどんどん結婚して、甥や姪もたくさん生まれてね。田んぼや畑仕事は親や上のきょうだいたちがやっとったけど、わたしは末っ子だもんで子守をよぉしとった。当時は家に風呂がないもんで甥や姪を共同浴場に連れてくのもわたしの役目。子どもは好きだもん！　楽しい思い出。今でも甥や姪に会うと下の名前でよび合うだ。

わたしが結婚してから甥や姪がわたしの家に遊びにきてくれることもあってねぇ。夫もよぉ可愛いがって一緒に遊園地へ行ったこともあっただ。

見合い結婚だったよ

上のきょうだいがみんな結婚すると、末っ子のわたしも親から結婚を考えるよう言われて何人かとお見合いしたの。そのひとりが夫でねぇ。

実は、夫は前妻がおっただわ。結婚して1年経つ頃に不慮の事故に遭って亡くなったの。前妻はお腹が大きくて、もうすぐ赤ちゃんが生まれる時期だったと。妻と生まれてくる子をいきなり亡くした夫は、しばらくしてから近所の人のすすめでお見合い相手を探すことになったんだわ。

そんでうちの姉がたまたまその話を聞いて夫に会ったらね、姉の夫によぉ背格好が似とってねぇ。

背が高くてスラッとしとって、服もピシッとキレイに着とるもんで「この人なら大丈夫だわ！」って姉が強くすすめてくれてお見合いしたの。

「いい人だ！　いい人だ！」ってあまりに姉が言うもんで、「そんなに良い良いって言うなら姉ちゃんがその人と結婚したらいいがん！」なんて言い返したりもしてね(笑)。

そんでお見合いしたらトントン拍子に話が進んで、1ヶ月も経たんうちに嫁ぐ日が来たの。嫁ぐまでに夫に会ったのはお見合いの1回だけ。

「嫁いできてくれたらなんでも揃っとるし、足らんもんがあったら買うでね」って見合いのときに言ってくれたもんで安心しただわ。

結婚式前日は姉の家に泊まった

ちょうど姉の家が美容室のすぐ横だったもんで、嫁ぐ前日は姉の家に泊まってねぇ。美容師さんに早朝から花嫁さんをこしらえてもらっただわ。着付けから化粧からやってもらって。花嫁姿を見せに実家の両親や家族に挨拶したり写真を撮ったりしてね。

そのときの写真がこれ！　甥や姪は「花嫁さんだ！」とすごく喜んでくれた。

「両親からしたら娘の花嫁姿を見るのは最後だで、しっかり見せてやりなさい」って姉や兄から言われとったで、無事見てもらえて良かったわ。

末っ子のわたしがようやく嫁に行けて両親もホッとしとったよ。

早朝に起きてこしらえて
もらった花嫁姿。
キレイだらぁ～？

嫁入り道具は両親がたくさん持たせてくれた

嫁ぐまでに両親や親戚がいろんなものをこしらえてくれた。着物や布団なんかは当時ぜんぶ手作りだもんで大変だったと思うよ。もう古くなって捨てちまってなんも残っとらんけど。

せいろみたいな見た目で注ぎ口がついとる水筒みたいなもんを父親が特別注文で用意してくれてね。「慣れんとこに行くだで、水はしっかり沸かしてお茶にして飲むように」って。そいだで、夫と田んぼへ行くときお茶を沸かして入れてったんだニン！それは本当によぉ使った！

あとミシンも買ってくれてね。長いこと使ったよぉ。カーテンを洗って糸がほつれると縫ったりしてさ。今じゃ指先がうまく動かんことが増えたで使ってないけど、まんだ納屋（農具などを入れておく小屋）に置いてあるだ。

いろんなもんを縫った足踏みミシン。今は使わんで納屋の2階にしまってある

結婚式当日は親戚の大きな車で

嫁ぎ先へは親戚の車に乗せてもらって行ったんだ。外国製の大きい車でねぇ。後部座席の真ん中にわたしが座って両脇に姉二人が座ってさぁ！

緊張するわたしに姉たちが優しく声をかけてくれて少し気持ちが落ち着いただ。

今みたいな高速道路もなくて結構時間がかかったと思うよ。11月15日だったから、ちょうど七五三の日でねぇ。大きな神社の近くを通るときは子どもたちがわたしを見て「花嫁さんが乗っとる！」って賑やかしく言ってくれとった。

結婚写真を撮ったけど…

結婚式をしたあとに写真屋さんへ行って撮ってもらったんだけどね。それがこれ！見とくれん！

写真屋で撮ってもらった結婚写真

「全然男前に写っとらんな！　下手くそな写真屋だ」なんて現像した写真を見て夫が文句を言っとったわ（笑）！　昔の写真だからこんなもんだわね。

その出来上がった写真をわたしが自転車に乗って夫の親戚に渡しに行ったの。まだ道もやっと覚えたような頃。

ドキドキしながら親戚に「写真持ってきたで見てください」って言ったら、「そんなもんドブに捨てとけ！」なんて言われてね。

ひとりで心細い中行ってそんな言葉を言われたもんで、本当につらかったよ。そのまま実家へ帰ろうと思って駅へ向かったんだ。駅の場所もぼんやりとしか分からないながらも、たしかこっちの方向だと思いながら泣いて自転車を走らせてね。気づくと夫が単車で追いかけてきとった。

「どこ行くだ？」って聞かれたから「こんなとこおれん！　帰るわ！」と言ったら、「明日には帰ってこいよ」と。

そのまま電車を乗り継いで実家へ行ったら、親は何も聞かず「明日には帰りなさいよ」と受け入れてくれてね。帰りの電車賃は親が渡してくれて、翌日夫が待つ家に戻ったんだ。

夫の親戚は前妻のことが忘れられなかったんだろうね。夫と前妻は恋愛結婚だったし、美人で気立てのいい人だったみたい。わたしと前妻を比べてキツイ言い方をされることもあって、悔しい思いもそりゃあったよ。だけど家族として過ごした人を失ってみんな悲しかったんだろうから仕方がないよね。

「つらいことがあったら、おれらがおる方向を向きなさい。言い返さず黙っとれよ」って兄ちゃんに言われた言葉を思い出して、乗り切ってきた。

生きとりゃいろいろある。人間10が10、まともな人おりゃせんもん。でもせっかく生きとるなら、明るいほうがいいでさぁ。自分が明るくしとったら周りも明るくなるもんね。朗らかが一番！

夫の親族にも優しくしてくれる人がおったで、親やきょうだいと離れてもなんとかやってこれただ。人は言葉一つで嬉しくも悲しくもなるでねぇ。

前妻が入る墓と仏壇の花は根気に替えたよ

前妻が入る墓や仏壇のお花はよぉ根気に替えたよ。わたしに出来ることはそれくらいだもんね。

「仏さんは大事にしなさいよ」って親やきょうだいからも言われとったもんで、それだけは心がけたよ。暑い時期はすぐにお花がわるなっちゃうもんで、毎日自転車に乗ってお墓へ行っとった。若かったで出来ただ。今はどこへ行くにも車に乗せて連れてってもらわんならんでね。

嫁いだ当初は仏壇も墓もちゃんとしたもんはなかったけどが、少しずつお金を貯めて夫と一緒に作っただ。仏壇は大きいもんで結構高かったよ。今では夫もその墓と仏壇に入っとるもんで、前妻と再会して仲良くしとると思う。

夫と一緒に建てたお墓。前妻が入っとるもんで根気によぉ通ったよ。花はわたしが庭で育てたのを持ってくの

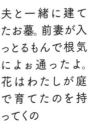

新婚生活は毎日がキャンプのようだった

結婚式が終わってから夫と住む家に行くと本当にびっくりしてねぇ。ガスも水道も電気も通っとらんの！

実家では使えとったもんがなんにもなかったで毎日大変だったよ。

嫁ぎ先の地域はちょうど再開発しとるとこで、近所中がみんな同じ生活だもんで文句は言えんだ。先に電気が通っとるとこもあったけど、昔だもんで今みたいにスムーズに工事が出来んだねぇ。

電気の代わりに夜はろうそくをつけて。水は毎回汲みに行っただけど重たかったよぉ。トイレは今みたいに水洗じゃないしねぇ。排泄物は畑の肥えになるもんで土に埋めに行って。今じゃそんなことせんけどが、昔はそれが普通だったんだ。

冷蔵庫も洗濯機も炊飯器もないもんで、まぁ〜何をするにも大変だわ！　洗濯は板で１枚ずつ洗っとったよ。洗濯だけでもえらい時間かかった。

少ししたら母親と姉が様子を見にきてくれたんだけど、まぁ～母親が泣いてねぇ。「なんでこんなとこに嫁がせただ!?」って姉を責めたりもして。なんでも揃っとるって見合いのとき言ってくれただけど、来てびっくりだわ！

いろいろあったけどが、今はこんな大きい家が建っただ。息子や孫はキャンプへ行くのが好きみたいだけど、わたしはもう十分！　キャンプみたいな生活はしっかりさせてもらったで、もうこりごりだわ（笑）！

新婚旅行は両親と一緒に

結婚して数ヶ月経った頃、一番上の姉の夫が「新婚旅行はどうするだ？　親はいつまでも元気じゃないで、今のうちに一緒に行ってこい」ってお金を出してくれてね。

うちの両親と一番上の姉とわたしたち夫婦、合計5人で熱海温泉へ行っただ。当時でも新婚旅行といえば夫婦で行くもんだけどね。そのとき姉が撮ってくれた写真があるで見てくれるぅ？　ほれ、うちの夫！　男前じゃろ？

泊まった旅館の前には大きな松の木があった。

両親と姉と新婚旅行へ行ったとき。うちの夫が男前だで、よぉ見てぇ～！両親はわたしより小柄なの

雨が降っとったで母に番傘をさしてくれた夫（上）。これも姉が撮ってくれたんだと思うけど…。こんな写真もあっただねぇ!?　ふふふっ（下）

途中で雨が降ると夫が母に番傘をさしながら歩いてくれた。夫はわたしの家族も大切にしてくれるで両親も喜んでさぁ！　いい親孝行になったと思う。

実はこのときわたしは妊娠中でね。そのせいだか初めて車酔いしたの。今までそんな車酔いなんてしたことないもんでびっくりしてねぇ。まぁでもいい思い出だわ！　姉の夫には他にも何かにつけてお世話になりっぱなしで感謝だねぇ。正直！　本当！

一番上の姉の夫のおかげで、新婚旅行へ行けただ。
両親や姉も一緒だけど、夫と初めての旅行は本当に楽しかったよ!

一番上の姉の夫との思い出

新婚旅行費を出してくれた姉の夫のことをもう少し話してもいい？　ここでは「兄さん」ってよぶわね。一番上の姉の家に泊まり込みでよぉ氷屋を手伝った。姉の子とわたしは年齢が近いもんで、姉夫婦は本当の子どものようにわたしも可愛がってくれた。姉の子は男の子ばっかしだもんで、兄さんはわたしのことを娘のように思ってくれとってねぇ。わたしが嫁いでからは会うたびに「病院に行くときはこれを使いなさい。どんなに忙しくてもカラド（体）は大事だでねぇ」ってお金を渡してくれたんだ。

そんないつも優しい兄さんの体調がよくないって連絡が来てねぇ。急いで会いに行ったらもうほとんど寝たきりの状態で、誰がよびかけてもなんの反応もなかったの。そいで姉が「お父さん、娘が来ただで目ぇ開いてよ」って言ったら、兄さんが目を開いてねぇ！　わたしはいつも兄さんに会うとマッサージしとったもんで、こう言っただ。

「マッサージしてほしい人は手ぇあげてぇ〜？」って。そしたらね、今までカラドが動かなんだ兄さんの右腕がすぅーっと上がっただ。それを見てみんなびっくりしてねぇ。その少しあとに兄さんは息を引き取ったんだけど、あのときわたしの声に反応してくれたのは本当に嬉しかった。誰の声にも反応せんかったのに、不思議なこともあるもんだねぇ。

お肉が苦手になった理由

わたし、肉は食べんだわ。姉の家で氷屋の手伝いをしとった経験が今の肉嫌いにつながっとるのかもしれんねぇ！　今でこそ冷蔵庫があるけどが、昔はそんなもんないもんでみんな氷で冷やしとったんだ。牛をさばくところ（食肉解体場）にも姉と氷を配達に行っとってねぇ。あの光景を見たら肉なんか食べれんくなるわ。そうは言っても結婚前は肉も少しは食べとったよ。

そんで結婚して妊娠中のつわりで気持ちわるくなってから、肉を見るだけでなんだかイヤ〜な気持ちになってねぇ。それから肉は受け付けんくなっちゃっただ！　万年つわり（笑）!!

今では「肉」って言葉を聞くだけでダメだわ！

子育てする余裕はなかった

結婚してからはもう毎日大忙し！　夫と一緒に畑や田んぼをいっしょけん（一生懸命）でやっとったもん。はじめは土の状態が良くないもんでなんも育たんくてねぇ。夫の両親はもう他界しとったし、わたしの親族はみんな遠くだもんで、自分らでやるしかないもん！　朝早よ起きて、よぉ働いたわ。そいだもんで子育てする余裕なんかない。

息子が赤ちゃんのときはほとんどわたしの実家に預けとった。田植えや稲刈りの時期は大忙しで、1歳の誕生日も一緒に過ごせんかった。実家でみんなが息子を可愛いがってくれてねぇ。わたしが嫁ぐ前に子守しとった甥や姪もよぉ見てくれたんだ。ありがたいねぇ。

数ヶ月ぶりに息子を迎えに行くとわたしの顔を見て泣いてねぇ。息子を連れて一緒に帰ろうとすると「お母ちゃん、バイバ〜イ」って手を振るだ。あれはやっぱし悲しいちゅうだか、なんとも言えん気持ちになるニン。わたしが一緒に帰ろうとすると息子があまりに泣くもんで、母がついてきてくれるときもあってね。息子がわたしとの生活に慣れると母は帰ってくだ。２週間ぐれぇおってくれたのかな。

息子が２歳頃のときかな。家にわたしの兄が来てくれたとき、息子が押し入れから大きいカバンを引っ張り出してきてねぇ。自分の服やなんかを入れて「おじちゃん、帰ろか！　お母ちゃん、また遊びにきてね」って兄の家に行きたがっただ。小さくてもこんなカバンを引っ張り出して用意するなんてねぇ！　びっくりしたよ。

夫もわたしも子どもは好きだけどが、自分の子が小さいときは可愛がる余裕なんかなかったもん。寂しい思いをよぉさせたと思う。

この写真、可愛いだら~(笑)? 息子を連れてわたしの実家へ電車で向かってるとき、ちょうど前に座った人がカメラを持っとって撮ってくれたんだ。息子の成長を願って写真を送ってくれてね。今でもわたしの宝物!

息子と2歳差で娘を産んだけどが、その頃もやっぱし忙しくてね。田んぼで作業するとき娘を乳母車に乗せてわきに置いといたんだ。作業がひと段落して見てみたら、哺乳瓶が地面に落ちとった。娘が自分でミルクを飲んで乳母車から投げただねぇ。忙しい時期は親戚中をたらい回しで見てもらっとったし、うちの子も苦労しとるだわ。

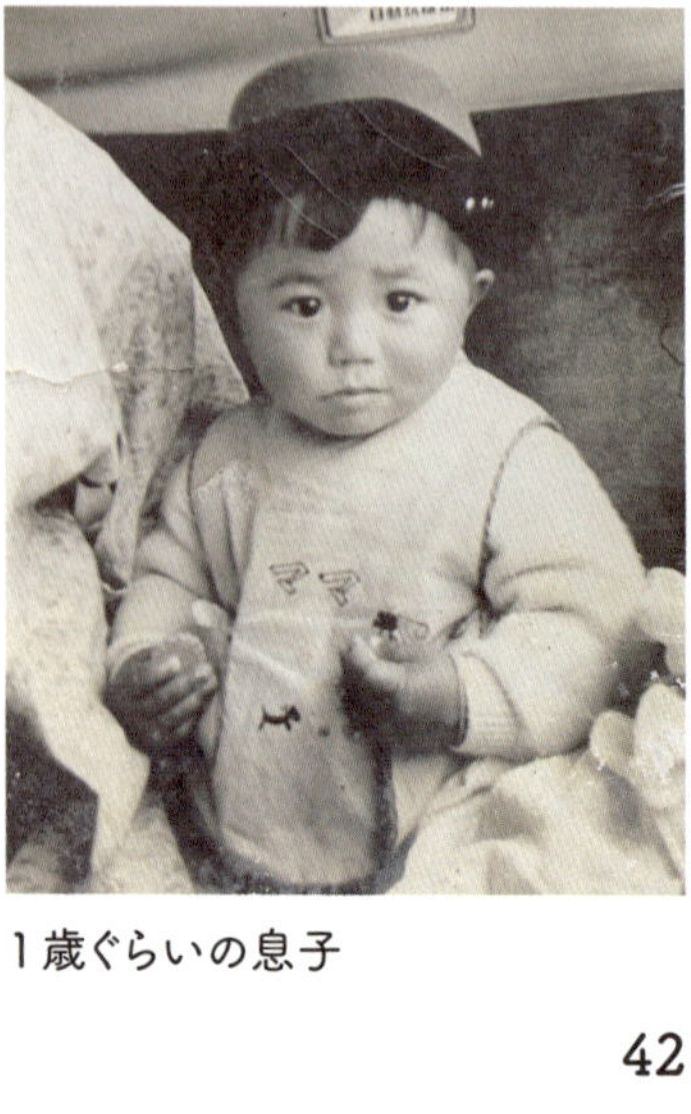
1歳ぐらいの息子

息子は小学生になるとよぉ手伝ってくれたよ。当時の風呂は薪で温めるもんで時間がかかるの。やり方を覚えて、わたしたちが田んぼや畑から帰ってくるまでに風呂を沸かしてくれとったんだ。簡単な食事を作って娘に夕飯を食べさしてくれとるときもあった。えらい子だったよ。

田んぼは夫が亡くなる数年前まで、ずっとやっとった。うちの田んぼは４反（１反は約１０００平方メートル）あるの。だいたい60キロの米が40袋ぐれぇ出来たかな。

米作りで使用した育苗箱《いくびょうばこ》

よその田んぼを手伝いに行くときもあって、多いときは４町（40反）やっとったよ。

夫の前妻の実家の田んぼもしばらく手伝いに行っとった。昔は機械も何もないもんで田植えも手作業でねぇ。朝早くからよぉ働いただわ。

育苗箱に種をまくための播種《はしゅ》機

もみなどを運ぶときに使用した箕《み》

苗の上に均等に土をかけるときに使用したふるい

仕事は農家以外にもしとったよ

結婚するまでは家の手伝いばっかやっとったもんで外で働いたことはなかった。海苔作ったり、氷屋手伝ったり、子守したり、末っ子だもんで手伝いばっか。

結婚してからは農家だもんで慣れんことばっかだったけど、分からんなりに頑張ったよ。田んぼやったり、畑で野菜作ったり。結婚するまでクワも持ったことなかったけど無我夢中で頑張った。

子どもが小学生になって少し手が空く時間が出来た頃、人にすすめられて小鳥を育てることにしただわ。ハウスに大きいケージを3列並べて、毎日ご飯やって掃除して。ひよこが生まれると売りに行ってねぇ。内職みたいなもんだ。息子が小学校高学年になると土曜日に自転車でひよこを売りに行ってくれることもあった。10年ぐれぇやっとったかなぁ。

鳥のエサは殻付きのアワ。だけどね、殻付きのアワの中には、実が入ってない殻だけのもまじっとるだわ。そいだで唐箕《とうみ》を使って選別しとった。風力を起こすと実が入ったものは下へ落ち、入っていない殻は横から飛ぶ。適度な加減で風を起こさんとうまく選別されんで案外難しいだ。息子もよぉ手伝ってくれたよ。

そのあとは息子が農業学校を卒業してナス農家をすることになったもんで、小鳥のケージやら一式ぜんぶ人にあげたんだ。ナス農家も10年ぐれぇやっとったかなぁ。ナス以外の野菜や米もずっと変わらず作っとったけどねぇ。

小鳥を育てるために使っていた巣箱（左）。穀物を籾殻《もみがら》・玄米・塵などに選別するために使った唐箕（右）

田んぼや畑の作業が暇な時期になると、夫はよそへ働きに行っとったの。わたしも何か出来んかと思っとったら新聞の折込で清掃の仕事を見つけたんだ。そんですぐ電話をかけたら、その会社の人が話をしに家まで来てくれてねぇ。「掃除は好きですか?」って聞かれたもんで「掃除は大好きでどれだけでも出来ます!」って答えたら、「すぐにでも働きにきてくれ」って制服を置いてってくれた。晩帰ってきた夫にそのことを話したら「外で働いたことがないのに大丈夫か? 一番大変なのは人間関係だけど、勤めたことがないで心配だ」って。ずっとひとりで家にいても仕方がないし、掃除ならいつもやっとるもんで大丈夫だと思って働くことにしたんだ。

田植えや稲刈りの時期は休ませてもらったけど、他は毎日自転車で通った。駅から送迎バスで出勤する人がほとんどだったけど、わたしは自転車で行くもんで1日90円の手当がついたの。それも積み重ねると1回分の買い物が出来るじゃんねぇ。

女性ばかりの職場で、まぁ〜いろいろあったよ。夫が言うとおり人間関係が一番大変だった。農家だもんで野菜をお裾分けで持ってくと「ポイント稼ぎだ」なんて陰口を言われたりもして。

だけどねぇ、人間明るくしとるのが一番だもん！　スイカを持ってって、みんなでスイカ割りして食べてもらったり、おこわを炊いて炊飯器ごと自転車にのせて持ってってみんなで外で座って食べたりしてねぇ。楽しい思い出だわ！

しばらく勤めたけどが、家のことが忙しくなったり体調を崩したりで清掃の仕事はやめたんだ。辞めるとき上司から「いつでも戻っておいで」って言われたもんで制服はそのまま家に置いてある。

そっから数年後、養鶏場で働く友人が足を怪我して代わりに働いてくれる人を探しとってねぇ。わたしに「働かん？」って連絡が来たもんで夫に相談したらまた心配してねぇ。

「そんな慣れん仕事、迷惑かけるだけだでやめとけ！」って。

どうしようかと思ったんだけど、友人からは「卵拾うだけだで少しでもいいで手伝ってくれ」ってお願いされたの。んで友人の怪我が治るまでの1ヶ月間だけ手伝いに行くことにしたんだ。

卵を拾おうとすると鶏がわたしの手をつつくだわ。最初は慣れんもんで痛かったけど、それも今では懐かしい思い出。

1ヶ月経って友人は復帰したんだけど、仕事にも慣れてきた頃だもんでそのまま働かせてもらうことになってねぇ。何年か働いたけど、その養鶏場を閉じることになったで、わたしも辞めることになったんだ。

卵は小さいのがおいしいだよ。なんでかって？　卵の大きさは鶏の年齢によって変わるだわ。若い鶏ほど小さくておいしい卵を産むで、養鶏場で働いとるときは、帰りに小さい卵をよぉもらって帰ったわ。

夫婦で海外旅行へ3回行った

若い頃はがむしゃらに働いて、子どもたちも結婚して生活が落ち着いた50代は、海外旅行に何回か行ったよ。「カラドの丈夫いうちに行こかや〜」って夫が言ってくれたときは、〝はんしんはんぎょ〟だわ（行けるとは〝半信半疑〟だった）！

初めての海外旅行はハワイへ。近所の友人夫婦と一緒に7日間の楽しい旅だった。空港には夫の運転で向かってね。何やら火山を見に毎日小さい飛行機に乗って移動したんだ。夜ホテルに帰ると日本から持ってった石けんで服を洗ってロープで干してさ。

水着は持って行かんだだけど、最後の日に海水浴をしたよ。ホテルのすぐ裏がワイキキビーチだで、部屋から裸足で行ったの。

夫がどんどん泳いでっちゃうで「そんな遠くへ行ったら帰るに大変だで、もうやめまい！」なんて言っててねぇ。楽しかったよぉ〜！

その次はカナダへ。日本全国から参加者がいるツアーだったもんで、空港で集まって自己紹介をしたの。

「わたしたちは農家だで読み書きは苦手ですが、農業のことならお父さんが答えますでなんでも聞いてください！」って言っただわ（笑）。

カナダの雪の景色がキレイだった～！　ロッキー山脈をバスで通っとるとき見たよ。ツアーで一緒だった人が「今アメリカ行ってきた」って言うの。どういうことか聞いたら、ナイアガラの滝の近くに橋があって渡るとアメリカだって！　わたしも行きたかったわ～。ちょうど食事に行っとったもんで、誘ってもらいそびれちまった。

日本の石けんがカナダでは全然泡立たなくて使えなんだ。ハワイでは使えたのにねぇ。水質がなんか違うだねぇ？

最後に行ったのはスイスとドイツ。そのとき見たマッターホルンの写真を今でも部屋に飾ってあるニン。マッターホルンから降りてくるときに牛が鈴をつけとってねぇ。

売店へ寄ったときに鈴があったもんで夫に買ってもらったんだ。

この鈴は役に立ったんだよぉ！ 夫がベッドで横になる時間が多くなったとき、孫が枕元にこの鈴を縛ってくれてねぇ。用事があると、この鈴を夫が鳴らすだわ。いい使い方だらぁ!? ふふんっ（笑）。

ハワイに行ったときのわたしと夫。向こうは暑いもんで帽子かぶってサングラスかけて、いろんなとこ行っただわ

海外旅行のとき空港で撮ったんだけど、どこで撮ったか忘れたわ（笑）！ わたしは夫について歩くだけだもん！

飛行機で大きなカラドの男の人がおってねぇ～

バンクーバーからトロントへ向かうときの飛行機に乗ったら、夫がなかなか座らんくて「あんた早よ座りん！」って言ったら、「お前が行け」って言うだわ。見てみたら夫の席に外国の方が座っててねぇ。添乗員さんに確認したら間違えて座ってたみたい。結局わたしはその人の横に座ることになったの。夫よりすごくカラドが大きくて、髪の毛は肩ぐらいまであって、髭はだいぶ伸びてて、外見はちょっと怖い男性。でもその人が優しくしてくれてねぇ！　機内食が来るとふっしゅ（魚）かチキンか手真似でわたしに聞いてくれてね。「チキン？　ノーノー！　ふっしゅがいい！」って答えてさぁ（笑）。

飴を持っとったもんで「ジャパニーズキャンデー！　オーケー？」って渡したら喜んでくれて、気づいたら仲良くなっちゃって！

飛行機を降りて空港を出るまで、その外国人の男性と手をつないで歩いたよぉ～。わたしたちのやりとりを見た周りの人たちは「あんた最高だね！」って言ってくれた。

どうなることかと思ったけど、楽しい思い出だわ！

海外旅行で初めて買ったものは

海外旅行では夫が外貨を全て管理してくれとったもんで、欲しいもんがあると夫に言うだわ。わたしは日本円を少しだけ持っとってね。そしたら空港の売店に「日本円で買えます」って書いてあるのを見つけて！　夫に「ちょっと見てくるわね」って言って売店へ向かって、おにぎりを買って戻ったの。夫は「お前日本円でそれ買ったのか」って（笑）。

別におにぎりが食べたかったわけじゃないだけど、外国へ来て初めて自分で買い物出来たで嬉しかった～！

初めての誕生日ケーキに嬉し泣きした夫

孫が2017年2月に、夫へ誕生日ケーキを買ってきてくれてね。〝おじいちゃんお誕生日おめでとう〟って書いてあってさ。

それ見て夫が「自分のためにケーキもらうのなんて初めてだ」って泣いて喜んどった。涙を浮かべる夫を見たら、わたしまで嬉しくなったわ。

自分の子の誕生日を祝うようなこともなかったで、自分の子に祝ってもらったこともない。それなのに孫に祝ってもらえるなんてねぇ。

あのときの夫の顔は今でも忘れられん！

夫の誕生日の少しあとにわたしの誕生日があるで、孫が「どんなケーキがいい？」って聞いてくれたんだ。ケーキ屋さんで買ってくれようとしとったけど、わたしは「手作りがいい」ってリクエストしたの。

そしたら手作りのシフォンケーキと大好きな生クリームをたっぷり用意してくれて

孫が夫にケーキを買ってきてくれたの。初めての誕生日ケーキだもんで夫が喜んでねぇ！

ねぇ！　もちろんおいしかったよ～！

だけど正直言うと、わたしはクリームだけが一番嬉しいの。もちろんケーキの生地のとこも好きだけど、もし許されるならクリームだけいっぱい食べたい（笑）！　こんな歳だけど、考えることは小さい子どもみたいで笑っちゃうでしょ。そいだで、クリームだけおかわりさせてもらったわ！

孫に笑われたけど、やっぱし楽しんで食べるとおいしいんだ！　最高な誕生日で、お腹の貯金箱いっぱいになりました。

いろんな品種を作ったけど、これは皮が黄色いスイカだねぇ

畑で育てたスイカは外で食べたニン

スイカは好きで毎年作った。冷やしたスイカを休憩に食べるとおいしいんだ！

時期になると夫が畑のスイカをコンコンと叩くだわ。音で食べ頃が分かるんだと。わたしは何回聞いても分からんけど(笑)！

外なら汚れも何も気にせず豪快にかぶりつけるでいいねぇ。こんなふうに毎年夏になるとスイカを一緒に食べただ。

夫との別れ

夫は２０１８年2月に他界したの。肺炎（肺非結核性抗酸菌症）になって数年闘病しとったんだわ。

でも丈夫い人でねぇ。亡くなる2ヶ月前までは自転車で近所の運動場へ行って友人たちとゴルフしとったんだニン。パークゴルフっちゅうのかやぁ？　わたしは行ったことないでよぉ分からんけどが。ゴルフが終わると仲間たちとコーヒー屋（喫茶店）へ行っとったよ。

食はどんどん細なっとったけど、孫たちが来ると嬉しくてビールを少し飲んだりもしてねぇ。

２０１７年12月のはじめ頃だったかやぁ？「これを捨てるだ！」って昔使っとった機械を縁側から外に運んだんだ。60キロぐらいある重たいもんだニン！

そしたら腰を痛めちまってねぇ。えらい「痛い痛い」言うもんで整形外科へ行ったら圧迫骨折しとったんだ。その骨折でほとんど歩けんくなっちゃったの。そしたらだいぶ弱っとったカラドが一気にわるなっちゃってねぇ。

そいで子や孫が病院に連れてっちゃあくれたけどが、高熱が出たもんで12月中旬に入院しただわ。1週間ぐれぇ入院したかなぁ？　ほいで年末年始は家で過ごしたいって退院させてもらってねぇ。クリスマスには孫がたこ焼きとケーキを用意してくれたわ。


年末も孫たちが来てくれて賑やかに過ごしたんだ。

そんで年が明けたらまた高熱が出たもんで病院で診てもらったらそのまま入院してねぇ。

夫はカラドが丈夫くてよぉ働く人だった。わたしに手を上げることもなく、作った食事に文句を言うこともなかったよ

孫が作ってくれるたこ焼きがわたしも夫も大好き！ これはクリスマスのときだねぇ

夫とビールで乾杯！孫が用意してくれた食事で乾杯出来るなんて幸せだわ

久しぶりのクリスマスケーキが嬉しくて、
上に乗った可愛いサンタさんはしばらく飾っとったよ

夫には毎日マッサージしとったよ。ちぃとでも楽になってくれや嬉しいもん！

子や孫が連れてってくれてお見舞いに行けたときは夫にマッサージをしとった。家でもよぉやっとったもんで。

そいで少しすると「お前怖がりだで暗くなる前に送ってもらえよ」って。わたしが雷も暗いのもちょっとした物音も怖がる人って知っとるもんで、心配してくれただねぇ。そういえば結婚して少しした頃、わたしの実家へ一緒に行ったとき母が夫に言ったんだ。「この子は怖がりだで夜は一緒におったってね」って。

見舞いに行くときは夫の好物を持ってったんだ。寿司とたこ焼きが好きでねぇ。

でも、たこ焼きはあの人ずっと好きじゃなかったの。一緒に買い物へ行ったとき「たまに

大好物のたこ焼きを持って見舞いに行くと喜んでねぇ!「退院したらまた孫に焼いてもらおう」って

はたこ焼きでも食べるカン?」って聞くと「おれ、たこは嫌いだわ!」って。

なんで夫はたこが嫌いかっちゅうとね、昔あたっただわ。わたしがこっちへ嫁いだばっかの頃は、海産物を売りに近所へ来る人がおったの。そこでたこを買って食べたら夫はお腹が痛くなって、嫌いんなっちゃっただわ。それからずーっとたこは食べん人だったけどが、数年前に孫が家でたこ焼きを焼いてくれて大好物になったんだニン!

それから喜んでたこ焼きを食べるようになってねぇ。そいだで入院中も孫と一緒に行くときはよぉたこ焼きを持ってっただ。

そのあとまた退院して家で過ごしただけど、だいぶひとりで立てれんくなっちゃったもんでトイレに行くときはわたしが支えてねぇ。夜中でもよばれたら起きて支えただ。訪問看護に来てもらったり、介護士の娘が来てくれたり、孫も入浴を手伝ってくれたりしてなんとか家で過ごしただわ。

2月中旬にまた体調がわるくなったもんで入院することになってねぇ。入院して2日後にはわたしのきょうだいたちも見舞いにきてくれただ。わたしのきょうだいとは、旅行へ行ったり食事会をしたり仲良くしとったもん。みんな夫婦で参加してさ。

2月下旬の早朝に病院から電話があって、子と孫と急いで病室へ向かったんだけど、夫はそのまま肺炎で息を引き取っただ。

夫は病院から自宅に帰ってきたけど、わたしも息子も娘も孫もみんな熱が出てねぇ。

たぶん息子の風邪がうつっただわ。順番に病院へ行ったけどが、夫と過ごせるわずかな時間だもん。みんなから「おばあちゃんも病院へ行こう」って言われたけど断って夫のそばにおったんだ。わたしも若くないもんで心配かけたけど、しょうがないじゃんねぇ。

納棺師の人かやぁ？　夫の着替えや化粧をしにきてくれたんだ。さいごに着せたいと思っとった服があってねぇ。ちょうど広島の旅行で着とったのと同じピンクのシャツだ。そうそう、この写真！　近所の友人と一緒に行ったで、いつの間にか撮ってくれただねぇ。わたしもあの人もピンクが好きだもんでこの

広島旅行の写真。わたしもピンクが好きだけど、夫も好きでねぇ

日はペアルックで着とっただ。

「さいごにこんなピンクの服を着せる人おらんかもしれんけど、夫が好きな色を着せたいでお願い出来ますか？」って納棺師の方に聞いたら「大丈夫ですよ！　お好きな服を着てもらいましょう」と着せてくれることになってねぇ。

夫の指はスラーっと細くて長いもんで「男性でこんなにキレイな手の方は珍しいですよ」って言ってもらったの。ちょうど孫が似たような指をしとるもんで、今でも孫の手を見るたびに夫を思い出す。

昼頃になると親戚が順番に挨拶にきてくれてねぇ。みんな忙しいのに夫に会いにきてくれてありがたかったぁ。息子たちは葬儀の手続きやなんかでよぉ動いてくれたわ。

その翌日にお通夜、翌々日に葬式をして、無事夫をみんなで見送っただ。

しばらくは涙が止まらんだ

今まで60年以上も一緒におっただもん。やっぱり寂しいねぇ。家のどこを見ても夫との思い出のもんばっかだもん。この家を建てれたのも二人でよぉ頑張ったで出来ただ。

お勝手場（台所）では夫にたくさんの料理をこしらえたニン。朝早く起きておかずたっぷりの弁当をこしらえただ。

「そんなにおかずばっかり入れてくれんでもいい」って言われたけどが、米よりおかずをたっくさん入れた。夫はふきの煮物が好きでねぇ。ふきはうちの畑でも穫れるけど、時期じゃないときにちょうどスーパーで見かけて夫が喜ぶでと思って煮物にして弁当へ入れたんだ。そしたら夫が帰ってきてから怒ってねぇ（笑）。「あんな香りがないふきを入れるな！」って。それからもうスーパーのふきは買わんようにしとる。やっぱし穫れたてのふきは香りがいいもんで。

天ぷらの日は飯台（ダイニングテーブル）のとこに夫が座るもんで揚げたてを食べ

させるだ。「あといくつ食べる〜?」って聞きながら揚げもんもよぉしたよ。

うちのお風呂とトイレの壁はピンクなの。わたしも夫もピンクが好きでねぇ。家を建ててもらっとる途中で見たら家の中のトイレが地味な紺色だって気づいて。「そんな色は好きじゃないでピンクにしてくれ」って夫が左官さんに言っただ。ほいだもんでお風呂と外のトイレはピンクなの。

カーテンは家を建てた時期にちょうど親戚が問屋に勤めとったもんで、そこへ注文して作ってもらったんだニン。

お皿、コップ、イス、ソファ、食べ物、お酒、何を見ても夫との思い出ばっかだもん。家のどこにおっても涙が出てくるだ。元々泣き虫だもんで余計にアカンわ。

食べるのもイヤになっちゃったけど孫がよぉ見にきてくれてねぇ。食べに連れてってくれたり、手作りのもんを差し入れてくれたりして。でもダメだねぇ。楽しくしゃべっとってもいきなり寂しくなって泣けてきちゃうだ。今でも寂しいけどが、特に亡くなって最初の1年ぐれぇはダメだったねぇ。

夫の葬式後に仏間へ設置した後飾りの祭壇。
「ひとりにしないで」って毎日話しかけた

両親が亡くなったときも寂しかったけど、それ以上に寂しかった

2章

好きなことして心もカラドも元気に

ひとりで過ごす時間はだいたい草取りばっか

わたしぐれぇの歳になると、やることがないとか、暇になるとかも聞くけどが、案外忙しいもんだよ。

わたしの家の敷地は道路から奥まで100メートルあるの。そこに母屋（住宅として使う建物）・離れ（付属的な建物）・納屋・ビニールハウス・庭・畑があるだけどね。まぁ〜こんだけ土地があると草を取るだけでも時間がかかる。歳取って動きがゆっくりになっとるもん余計さぁ。

夫と頑張って建てた家だもん！　少しでもキレイにしときたい。草林になると近所に迷惑をかけちまうし、わたしが出来ることはこれくらいだで、いつも頑張っとるよ。「今日はここまで頑張ろう」「明日はここを頑張ろう」って毎日目標を決めてさ。

草取るときは前見りゃぁ地獄だけど、振り返りゃキレイだもん！　キレイになったとこを見ると嬉しくなる。

昔ね、孫が小学生の頃かな。わたしに聞いてきたんだ。

「おばあちゃんの趣味や特技って何?」ってね。わたしが草取っとる姿ばっかいつも見とるもんで不思議だったんだろうねぇ(笑)。

「趣味も特技も草取りです!」って答えたよ。だってここへ嫁いでからずーっとやっとるもん!


夏や冬は無理しすぎんようカラドと相談しながら外へ出とる。

「もう家に入りなよ〜」って家族が心配してよぉ言ってくれるけど、キリがいいとこまではついつい手が止まらん!

草との戦いは終わりがないねぇ。終わったと思ったら、また生えてきて!
毎日負けんよう頑張っとる

あとね、草ってよぉ季節を知っとるだよ！　あの草の次はこの草が…って毎年ちゃんと順番に生えてくるだわ。草によってはすぐ実が落ちるもんで、落ちる前に頑張って取っとるの。毎日草との戦いだわ！

お花を育てることが大好き！

お花は見るのも育てるのも飾るのも大好き！
どの花が一番好きか？　そんなこと聞かれても困るわ（笑）。ぜんぶ好き〜!!

夫も花が好きで、よぉ一緒に育てたよ。

庭に花があると、お墓も仏壇も部屋もすぐ替えれるし、人が来たときお土産に持ってってもらえる。家に花がない人は結構喜んでくれるで、何かいただいたときのお礼に持ってくこともあったよ。部屋に花があると気持ちが明るくなるでねぇ。

これから孫とお墓参り！ どのお花を組み合わせて持って行こうかな

孫にもよぉ持たせた。「こんなふうに飾ったよ」ってあとから写真を見せてくれるのも嬉しかった。今は猫と暮らしとるもんで飾れんらしく持ってってくれんけど（笑）。

季節ごとに花の苗をいろいろ買って植えるだわ。毎年花を咲かせてくれる品種を選ぶようにしとる。

お店では「〝しゅくねんそう〟ください」って言うだけど、なかなか通じんだわ（「宿《しゅっ》根草《こんそう》か多年草をください」と言いたい）。花によっては挿し木で増やせるのもあるで、よぉ増やしたよ！

季節ごとに花の苗を買いに行くのも楽しみ〜！

お墓や仏壇に供える
花も庭で育てとるで、
こまめに替えれるだ！

部屋に花があると
心がホカホカするじ
ゃんねぇ。これはわ
たしが育てた花を
孫が花瓶にさしてく
れただ。あの子って
手際がいいの！

畑仕事しながら、キレイに咲いとるお花がふと目に入ると嬉しくなって、つい話しかけるだわ。「あんたも頑張っとるね」って

夫とわたしが大好きなピンクのお花。名前はなんだったかな〜（笑）？

この薄いピンクの花は夫が花屋で働いとるときに球根をもらってきて植えたの。初めは道路側に植えとっただけど、珍しいもんで「変わっとるでちょうだい！」っていう人が何人かおってねぇ。少し分けただけど、うちの分がなくなっちゃうで人目につきにくい一番奥のとこに植え替えただわ（笑）。

毎年キレイに咲いてくれるたびに夫のことを思い出す。ね？　キレイだら〜！

今では咲くとお墓に持ってくだよ。きっと喜んでくれとると思う。

花には毎日話しかけるの。

「キレイに咲いてね」「大きくなったね」「キレイなお花を見せてくれてありがとう」「今日は暑いね」「あんた可愛いねぇ」とかってさ。

どの花も好きだもんで、季節ごとにキレイに咲いてくれる花を楽しんどる。

チューリップ、ボタン、ストック、かすみ草、ラナンキュラス、アジサイ、ひまわり、ユリ、アルストロメリア、キク、コスモス、スイセン、センリョウ、スターチス、ヤブラン、ランタナ…いっぱい植えとるけどぜんぶ大好き〜！

花は何時間見とっても飽きんで不思議だねぇ。

草取りや畑仕事で疲れても、花が目に入ると嬉しくなるの。

アジサイも数種類植えとるけど、どれも毎年キレイに咲いてくれるの。このピンクも可愛いだら〜？

体操は毎日欠かさずやっとるよ

カラドのために毎日体操は欠かさずやっとるよ。自分のために出来ることはやらにゃあねぇ。カラドは大事だもん！

体操教室で教えてもらったり、病院ですすめてもらったり、本やテレビで観たりした体操を順番にやっとる。腰が曲がって出来んくなった動きもあるけど、寝転んで足を上げたり曲げたりはまんだ出来るもんでよぉやっとるよ。

毎日やっとるせいだか、けっこうカラドは柔らかいだよ。そいだもんで病院やなんかで診てもらうときも「あんたよぉ〜足が開くだねぇ」ってよぉ言ってもらう。この歳でしゃがんだり立ったりが困らず出来るのは毎日の体操のおかげと思う。

体操教室へ行っとるときは、お友達もいっぱい出来て、みんなでおしゃべりしながら賑やかにして楽しかったよ〜！　毎年桜が咲く時期は体操教室が終わるとみんなでお花見に行ったりもして。

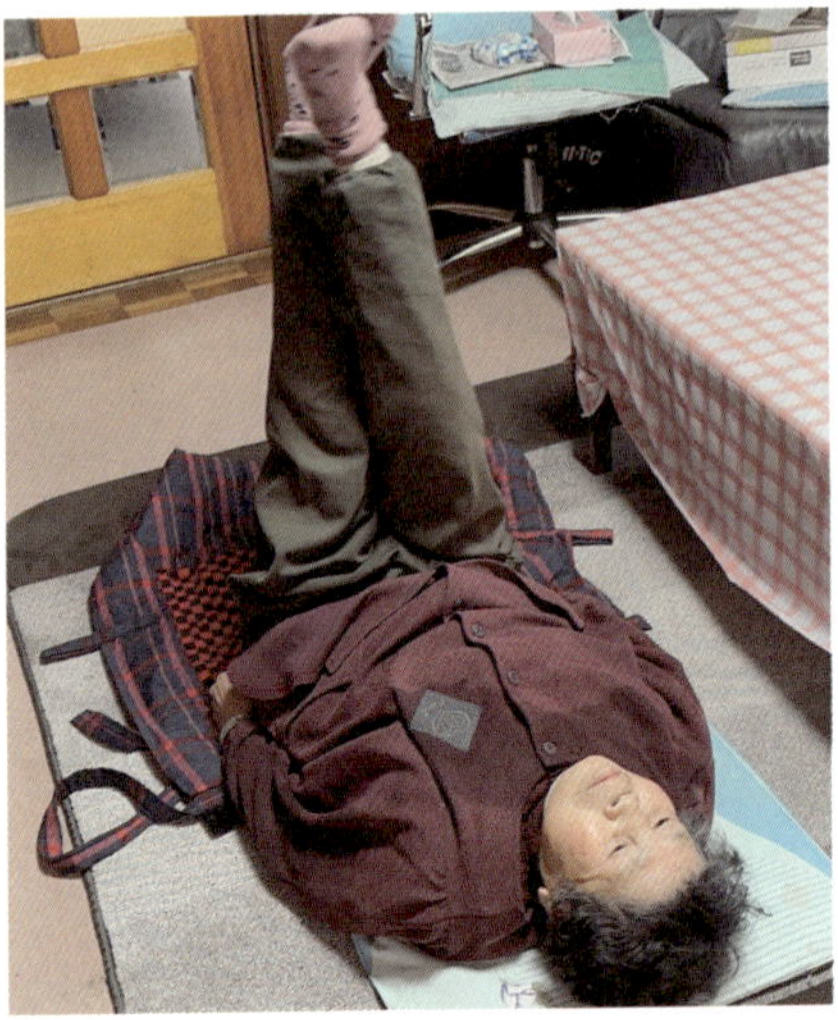

寝転んでやる体操はまんだ出来るだわ！　足を高く上げて、左右の足を交差したり曲げたりして

自転車で行っとっただけど、ちょうど通るとこに同じ教室の人の家があるもんで声かけてさ。いつも一緒に自転車で並んで走って向かっただ。その人とは今でも仲良くさせてもらっとるよ。わたしと同じで野菜や花を育てるのが好きだもんで、自分のとこにあって相手の家にないものは持ってくだ。今じゃ自転車に乗れんくなっちゃったもんで、よぉ電話でおしゃべりしとる。

雨の日は夫が教室へ送ってくれることもあった。

帰りが雨になっちゃったときはトラッ

クで迎えにきてくれて、自転車を積んでくれてね。教室が2階にあるもんで夫が見上げて待っとってくれるの。

体操教室も長いこと通ったで思い出いっぱい！　ああいうみんなで何かするのも好きだもんさぁ！

画面のアレのおかげで嬉しいことがいっぱいあったよ

孫がわたしとの時間を画面のアレ（YouTube、TikTok、Instagram）へいろいろ載せるようになってから、嬉しいことがたくさんあってねぇ！　今までいっぱいプレゼントをいただいたの。お手紙も本当に嬉しくて、ぜ〜んぶわたしの宝物！

わたしは携帯も何も持ってないだけど、いつも孫が「こんな言葉を送ってもらったよ」って教えてくれるだわ。

「おばあちゃんを観ると元気になります」
「笑顔が大好きです」
「面白くていつも笑いながら観てます」
「わたしも家族との時間を大切にしたいと思いました」
「亡くなった親や祖父母を思い出します」
「自分のおばあちゃんと話したくなって電話をしました」
「可愛いおばあちゃんですね」

こんなねぇ！　ただ畑で草取っとるだけのわたしにはどれももったいない言葉ばっか！　だけど、ありがたいねぇ。嬉しくてまた泣けちまうわ…。
夢にぼた餅だ！（思いがけない喜びにあうたとえ）

「（YouTubeチャンネルを）登録して観とるよ！」なんて久しく会ってない人から電話がかかることもあってね。みんなよぉ分かるだねぇ～!?　親戚も新しい動画を観るたびに電話してくれるだ。「あんたまた何か食べとったねぇ〜！」って。

わたしが間違えて言った言葉（「トンネル登録お願いします」や「コメント・高表彰お願いします」など）が面白いって笑って楽しんでくれとる人もおるって孫が言っとった。こんな年寄りの言葉は若い人からしたら笑っちゃうようなこともあるだろうねぇ。笑って楽しく過ごすが一番！

わたしは昔から楽しいことが大好きなの。みんなで観光バスに乗って旅行へ行くときは、いつでもガイドさんとやりとりして賑やかしくしとったわ。湿っぽくなっちゃ楽しくないもん。

そいだで、こんなわたしの動画を楽しく観てくれる人がおるっちゅうのは嬉しいことだよ。

あったかい言葉をわたしも孫もよぉいただくだけど、思ってくれるっちゅう気持ちに心がホカホカなる。優しい言葉は永久に忘れられません！　最高な人生だわ！

まだまだ元気におれるようカラドに気をつけて頑張ります。

可愛いピンクのティーセットは早速ぼた餅を食べるときに使わせてもらったよ

北海道のカニ屋さんからいただいた甲羅盛りは、身がほぐしてあるでパクパクあっという間に食べちまった！

手編みの手袋と靴下はわたしの大好きなピンク色で心もホカホカだわ

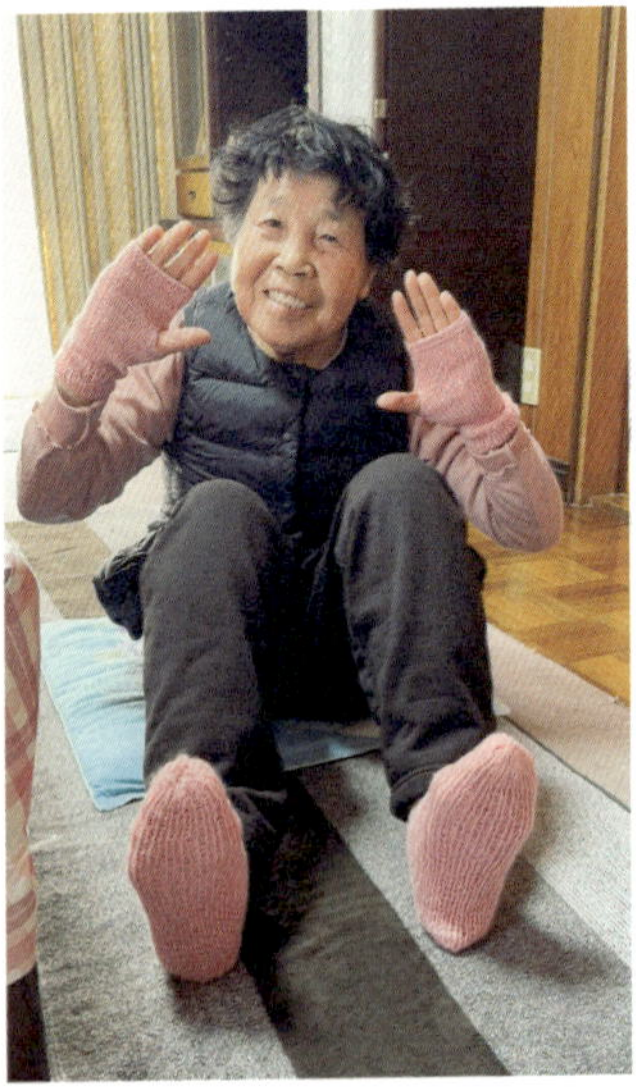

似顔絵もたくさん描いていただいて、孫が１冊にまとめてくれた

孫が2023年4月に大きな重い段ボールを持ってきてねぇ。開けてみると銀色の重たい板が入っとったの！（YouTubeチャンネル登録者数10万人の）記念品をアメリカから送ってもらっただと。孫のおかげでいろんなもんを見せてもらえてありがたいわぁ～。仏壇で夫に報告したよ。

人生は夢にぼた餅だねぇ。こんなことがあるとはびっくりだわ！

息子も「すごいなぁ！」って一緒に喜んでくれた。

盾なんて初めてもらったわ！ 夫にも持たせてやりたかった

よぉ観てもらっとる動画を5つ紹介するわね〜！

YouTubeではわたしの思い出を孫がいっぱい載せてくれとります。よぉけあるだけど、5個紹介するニン！

動画 no.1 「祖父の声を数年ぶりに聴いた祖母」（2022年10月11日配信）

夫が食事しとる動画を孫が撮っとったらしく、大きい画面（ｉＰａｄ）でわたしに見せてくれたんだ。久しぶりに声を聞いたら泣けてきちまった。こうして孫がいろいろ残してくれとるのはありがたいねぇ！

このときの様子を孫が投稿したら、たくさんの人が観てくれたんだってね。夫の声を聞いて喜ぶわたしに共感したとか、自分も家族の何気ない時間を残しておこうと思ったとかコメントをいただいたみたい。

やっぱし声が聞けるって嬉しいもんだよ！　だけど、まぁしばらくは聞かんでいいわ（笑）。だって聞くと泣けちまうもん。

実はこの動画ね、テレビでも紹介してもらったただよ。まさかそんなことがあるとは、わたしも孫もびっくりだわ！

その番組をちょうど友人が観とったらしく、翌日電話くれたただわ。「あんたテレビに出とったねぇ～」って。わたしによぉ似とるし、夫は亡くなっとるし、孫の声や会話の仕方がいつもと同じだで分かっただって（笑）。

動画 no.2

「祖母の兄のお見舞いに行ってきたよ〜！」

（2023年9月24日配信）

みんなで
お出かけ
祖母

そりゃ内心
行きたい！

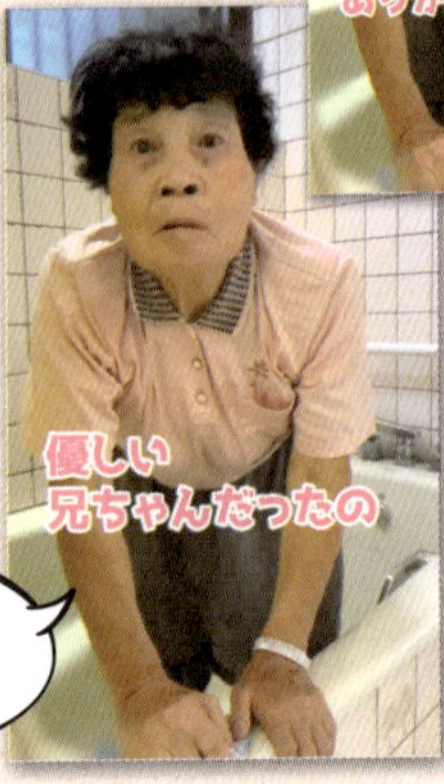
優しい
兄ちゃんだったの

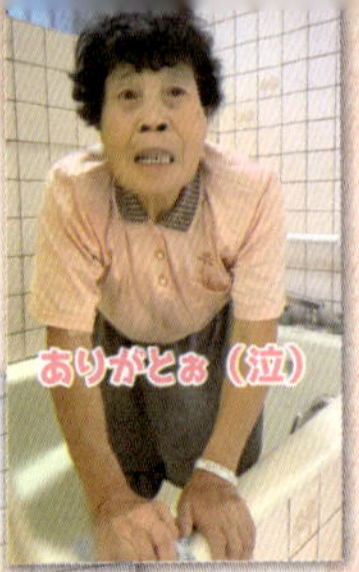
ありがとぉ（泣）

兄が入院したって聞いてずっと心配してたの。それまでよぉ電話をくれる兄でね。「台風が近づいとるで気ぃつけろよ」とか、「暑い時間は家ん中におれよ」とかいつも温かい言葉をくれる兄だった。やっぱし電話がないと寂しいもん。

子どもも孫もみんな仕事があるもんで「会いに行きたい」って言い出せんかったけど、孫が調整してくれて息子と3人でお見舞いに行けただ。

このときの動画は兄家族や他の親戚もみんな観てくれたらしくてね。「動画を観て一緒に泣いたよ」って言ってくれる人もおった。わたしもこのときの嬉しい気持ちと不安な気持ちは忘れられん。

夫がおるときは赤飯をよぉ作っただけど、今はひとりで大きな蒸し器を使うのも危なくなっちゃったもん。何回か孫が手伝ってくれて、今じゃ上手に作ってくれるだわ。

栗を入れるのは年1回の秋のお楽しみ。夫がおらんくなってから何年か作ってなかったけど、孫が栗の皮を剥いてくれて作ったの。秋になると食べたくなる味だ！

こうやっておいしいご飯を食べとると、修学旅行にお米を持参したことを思い出す。このときも孫に話したけどねぇ。戦後の何もない時代は大変だったけど、今はなんでもあるでありがたい！

「祖母と『でんぐり』で
遊んで、
栗入りのお赤飯を
作ったよ〜！」
（2023年10月30日配信）

息子は子どもの頃から釣りが好きでね。小学生のときからいろいろ釣っとって、最近じゃマグロまで釣るの！　夫もマグロが好きだったもんで、写真を持ってさばくとこを一緒に見とっただ。切り分けてもらったマグロは一番に仏壇へお供えしたよ。夫も喜んどると思う。

孫がまだ小学生のときに息子が「どの魚を釣ってほしい？」って聞いたら、「マグロ！」って答えたんだと。当時はマグロなんて釣れんと思ったみたいだけど、こうして釣るようになって本人も周りもびっくりだよねぇ。息子が頑張って初めて釣ったマグロ、ぜひ動画で観たってちょうだい！

動画
no.4

「父がマグロを
釣って
捌いてくれた」
（2022年2月20日配信）

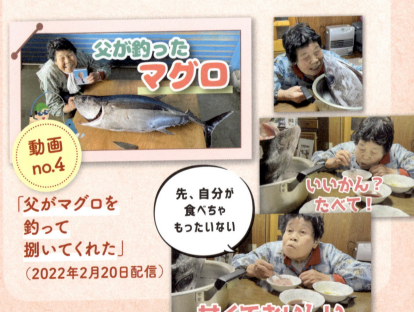

孫がよぉ通院や用事に付き添ってくれて、そういう日は一緒にお昼を食べるだわ。だけどこの日は一緒に食べる時間がないでって弁当をこしらえてくれたの。今までも何かと作ってくれたけど、やっぱし何回もらっても手作りは嬉しいねぇ。弁当を見た瞬間、つい涙が出ちまったわ。

だけど自分では涙が出とるつもりでも、この歳になるとそんなに出んだよねぇ(笑)。高齢になるとね、勝手に涙が出ることもあるし、泣きたいときに出んこともある。わたしもこの歳になって気づくことがいっぱいあるだわ。

動画
no.5

「祖母に弁当を作ったら
泣いて喜んでくれた」
(2023年11月14日配信)

介護美容で心ウキウキだ

高齢者にお化粧したりマニキュア塗ったり、キレイにするお仕事があるらしいじゃんねぇ？

ちょっと前に新聞で読んだことがあるよ。

高齢者施設へそういう人が来てくれて、はじめはみんな「いや、わたしはいいわ」って言っとっても、ひとり終わる頃にはみんな「いいな、わたしも！」ってなるんだと。そりゃあ、いくつになってもキレイにしてもらったら嬉しいよねぇ。

うちの孫のお友達で普段そういう仕事（介護美容）をしとる人が、わたしの家に来てくれることがあったの。東京から来てくれたんだと！　箱石志保さんちゅう方。

初めて会う人はやっぱりドキドキしちまうけど、家に入ってまず仏壇に手を合わせてお供えまでしてくれて。嬉しかったぁ。

それから楽しくおしゃべりしとるうちに気づいたらいろいろ顔に塗ってくれとって、鏡を見てびっくり！　お化けみたいに真っ白なの（笑）！

でもねぇ、それがパックだったらしくてちょっとしてから触ってみたら、羽二重餅《はぶたえ》みたいにふわっふわのもっちもちで。優しくマッサージもやってくれて、気持ち良かったよ。

そのあと（エステ後）も、また何やらいっぱい塗ってくれてねぇ！　わたしの好きなピンクをたくさん使ってお化粧してくれたの。嬉しいねぇ。自分で化粧をせんくなってしば

箱石志保さんとわたし。志保さんの手はあったかいでマッサージしてもらうと本当に気持ちいいだよ

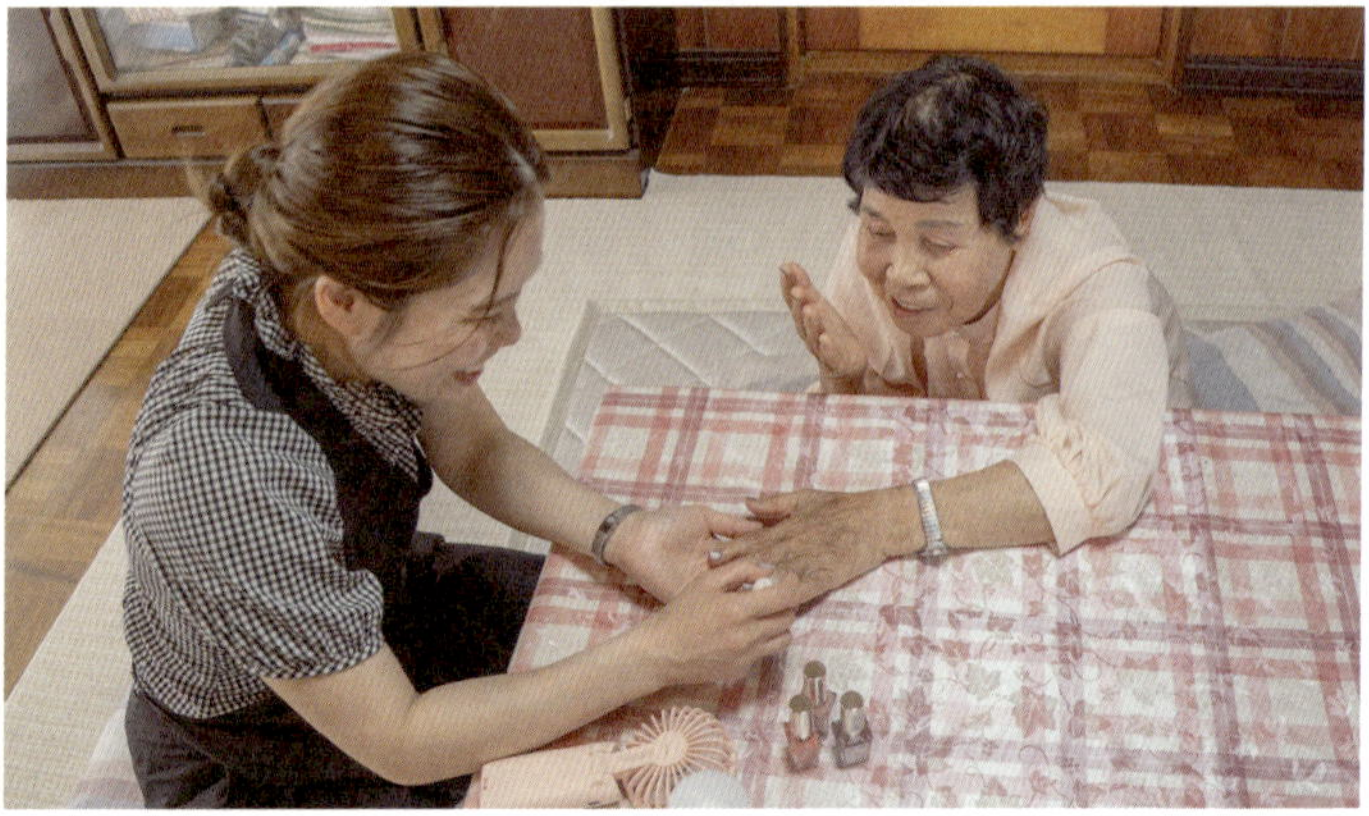

マニキュアなんて普段塗らんけど、やっぱしキレイにしてもらうと嬉しいもんだねぇ

らく経つし、孫はときどきお化粧してくれるけど、プロはまたちょっと違うだにねぇ。いつも気になっとったシミも虫刺されでゲジゲジになった眉毛もキレイにしてくれてありがたかった〜！

マニキュアもしてもらっただけど、あんなにキラキラな爪にしてもらうのは初めてだわ！　普段ずっと土を触っとるもんで、爪も手もキレイじゃないだけど、やっぱしちょっと塗ってもらうと心ウキウキになるねぇ。

志保さんは2023年と2024年の夏に来てくれたの。2回もこんなへき地へ足を運

プロのお化粧と孫が選んでくれた新しい服でハッピー！

んでくれるなんて感謝感激だわ。2回目会えたときは余計におしゃべりが楽しくてひとりで音声多重放送（笑）！

こっちへ嫁いでから数十年、ただ畑におるだけだもん。おしゃれする機会も大してなかったけど、いくつになってもキレイにしてもらうのはいいもんだね。

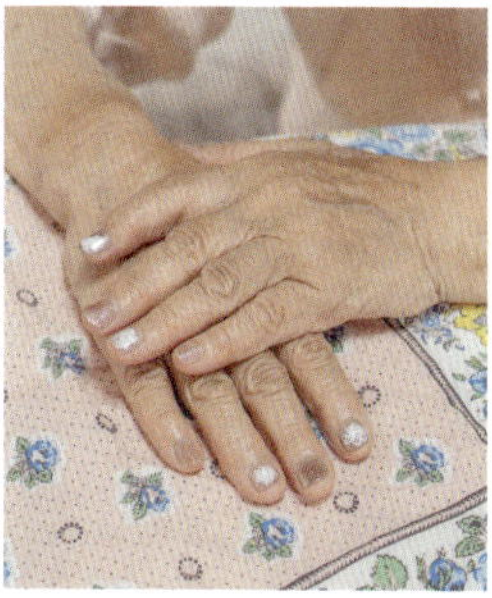

お花のシールまで貼ってもらってこんなに美人な手に！　わたしの手じゃないみたい

孫が箱石志保さんと介護美容へ思うこと

箱石志保さんとの出会いはInstagramです。

わたしが祖母の動画を投稿し始めて数ヶ月後にDMをいただいたのがきっかけで、仲良くさせていただいています。最初にいただいたDMは「可愛いおばあちゃんですね」という内容だったと思います。


当時、祖母の黒っぽくなった爪を心配して一緒に病院へ行こうとしていましたが、祖母が怖がってしまい困っていました。なぜか爪を全て剥がされると思い込んでいて、わたしの言葉は届きませんでした。

そんな中、志保さんの投稿を拝見したところ高齢の方へネイルをされていると知り、今の状況を相談させていただきました。志保さんは丁寧に返信してくださり、いただいたアドバイスを参考に祖母へ声をかけたところ、無事祖母と皮膚科へ行くことが出来ました。

祖母には「高齢者の爪に詳しい人に相談してみたら、爪を剥がされることはないからひとまず病院で診てもらったほうがいいって言ってたよ」と伝えました。
第三者の言葉は、ときに家族の言葉よりも伝わりますね。
おかげさまで祖母の爪は今でも毎月皮膚科で診てもらっており、必要に応じて治療してもらっています。

そしてわたしは志保さんのおかげで、自分の行動の答え合わせが出来た感覚もありました。

祖父の体力が落ちてきた頃、バケツにお湯を入れて足を温めてからアロママッサージをしたことがありました。そして祖父が亡くなって何もかもやる気がなくなってしまった祖母を見て、孫として出来ることをたくさん考え、そのひとつとして祖母へお化粧をしました。わたしがするお化粧は、志保さんがしてくださるものに比べると非常に簡単なものですが、ほんの少しのお化粧でも祖母の表情に変化がありました。

祖父母に喜んでほしくてなんとなくしていた行動をお仕事にされている方がいらっしゃると知り、嬉しくなりました。

わたしがした行動を誰かに褒められたことはありませんでしたが、間違っていなかったんだと思い、とてもホッとしたのです。

志保さんとの出会いは、わたしと祖父母の時間を肯定してくれるものとなりました。

わたしはSNS上でも自分から声をかけることが苦手なため、DMを送ってくださった志保さんには心から感謝です。

志保さんのお仕事「介護美容」「ケアビューティスト」は本当に素敵です。たくさんの高齢の方とその周りの方を笑顔にされています。

微力ながら心から応援しています。

箱石志保さんへお話を聞きました

介護美容を始めたきっかけを教えてください。

「会社員として働いていましたが、その先のキャリアが見えず、自分でビジネスをしたいと思っていました。元々祖父と母の会社を継ぐ予定でＭＢＡも取得していたので、いつか起業しようと思っていた中、介護美容のスクールの広告を見て、『これが天職だ！』と思い、説明会に参加しました。

また、幼少期から母子家庭で育った私は、祖父母に育ててもらったようなもので、祖父母に対して特別な思いがあります。介護美容を見つけた頃は祖父母の介護が必要になった時期でもあったので、それも合わさって介護美容が天職だと思いました」

介護美容に関する資格などお持ちでしたら教えてください。

「介護美容研究所という高齢者専門の美容学校を卒業し、『ケアビューティスト』のディプロマを持っています。あとは介護職員初任者研修を修了しています」

介護美容をお仕事にする中で、嬉しかったことを教えてください。

「一番嬉しいのはネイルやメイクが終わったあとに皆さんが笑顔になる瞬間です。何度も手元を見て可愛いと言ってくださったり、お友達同士で見せ合ったり…そういう瞬間を見るとやっていて良かったと思います。また、拒否が強い方の場合、いろいろなアプローチをして最終的に施術が出来て笑顔まで見られるととても嬉しいです」

志保さんにとって介護美容とは。

「先にも少し触れましたが『天職』です。小さい頃からずっと祖父母と一緒にいたため高齢者と関わることは好きですし、美容は元々大好きだったのでその二つをかけ合わせた仕事を、私はとても楽しくやらせてもらっています。
また、高齢者の方に元気を届けるように仕事を始めましたが、実際は私が訪問先で皆さんから元気をもらって帰ってきています」

祖母宅へ来てくださりありがとうございました！　ずっと動画をご覧いただいていましたが、実際に祖母と会ってみて印象はどうでしたか。

「こちらこそありがとうございました！
おばあちゃんは動画と同じでとってもチャーミングで全く印象が変わらなかったです。一つびっくりしたのは、思っていた以上に冗談が好きで、ちょっぴり下ネタなども挟んじゃうところが最高でした（笑）！」

祖母へエステ、メイク、ネイルをする際に気をつけられたことはありますか。

「おしゃべりをたくさんしてくれるので、それを阻止しないよう意識していました！私が伺ったことを喜んでくださってたくさんお話ししてくれるのが私も嬉しかったです。メイクとネイルは好きな色をきちんとヒアリングしてから進めました」

介護美容について読者の皆様に伝えたいことはありますか。

「祖母と孫ちゃんねるのＳＮＳ投稿への出演がきっかけで介護美容に興味を持って『この仕事をしたい！』と考えてくださる方が増えました。『高齢者に美容なんていらない』『歳取っておしゃれしてどうするの』といった否定的な意見があることも承知しています。でも、おしゃれが大好きな女性が年齢を重ねても楽しめる世界があっても良いと思っています。年齢や施設入居を理由に美容を諦めず、皆さんが楽しめる場を提供していきたいと考えています。

予約をしてくださる方の大半がご家族からの予約です。ご家族は『楽しい時間を

過ごしてほしい』『昔おしゃれが好きだったから』など、施設へ入居している家族のことを大切に思って予約してくださっています。
もしご家族に施設入居をしている方がいれば、こういったプレゼントもあるんだなと知っていただけたら嬉しいです」

みんなに支えられて生きてきた

みんなに支えられてここまで来れた。人はひとりじゃ生きれんもんねぇ。

わたしは末っ子だもんで、生まれたときから兄や姉がいっぱい世話してくれた。

嫁いでからは夫と力を合わせて頑張ったけど、親族も近所の人もみんなが支えてくれた。


田舎だもんで野菜をもらったりあげたりもしょっちゅうで、家に帰ると勝手口に野菜をよぉけ置いてもらっとることもあるよ。

みんなが親切にしてくれるでありがたい!

近所には同じぐらいの歳の人が多いもんで何

友人が作った野菜をよぉ持ってきてくれるだわ! ありがたいねぇ~

かと交流があったよ。旅行も一緒にあっちこっちへよぉ行った。

同じように農家をやっとる人とは、協力していろんなことをやっただ。お隣の家はうちと同じぐれぇの歳の子がおってね、子どもが小学生のときは毎週どっちかの家で宴会して泊まった。大きい魚があると「お〜い！　一緒に食べんか〜！」って声かけてさ。今じゃそんなことも少ない時代だけど、うちらのときはそんなふうだった。泊まりで出かけるときはお隣に声かけてさ。今でもお裾分けし合ったり、仲良くさせてもらっとるよ。

60歳になると地域の老人クラブに入ってね。公民館の草取りや、近所のゴミ拾いでみんなに会えるのも楽しみだった。わたしが入った頃は100人以上おったで、よぉ宴会や旅行なんかもあったよ！　夫が幹事をしたこともあったで、わたしもいろいろ手伝ったりしてさ。

でもどんどん人数が減ったもんで、少し前に解散しただわ。寂しいけど、仕方がないよねぇ。

この歳になると、知り合いが施設に入ったとか亡くなったとかもよぉ聞くようになった。そんな知らせを聞くと、次は自分が…なんて思って、悲しいような心細いような気持ちになる。順番なのは分かっとるだけど、やっぱりねぇ…。

近所の友人が様子を見にきてくれるし、みんなが電話をくれるでありがたいよ。楽しくおしゃべりしとると心のお洗濯になるの。

「どうしとる〜?」っていろんな人が電話をかけてくれるの。夫が亡くなってからは余計にみんな心配してくれてねぇ

よくいただく質問

・食べるときの姿勢が気になっています。テーブルやイスを見直されてはいかがですか？

「腰が曲がってきとるもんで、どうしてもこう背中が丸なっておかしな座り方になっちゃうだよね。でもわたしは今のままで何も問題なしです！　テーブルもイスも今のがちょうどいい。

ご心配ありがとうございます。困ることがあったら家族に相談するので安心してください」

食べることは大好き！ 昔みたいにキレイに座れんけど許してね

・本当の祖母と孫ですか？
（SNSのための関係ですか？）

「そりゃそうだ！　本当の孫だよぉ!!　この子（yoshino）はわたしの初孫で、うちの夫に似て背が高くて指が長いだよ。赤ちゃんのときはオムツだって替えた。どんなに汚されても、ただ可愛いだけで『汚い』なんて思ったことは一度もない。

孫のことは別のページにいろいろ書いたもんで、良かったらそこを見てください。この子がおるで、生きる張り合いがあるだ」（※P169参照）

孫の手は白くて柔らかくてお餅みたい！ 食べたくなっちまうわ。
これは誕生日を祝ってくれたときだねぇ

・髪型が気になっています。
美容室には行っていますか？

「美容室は月に1回ぐれぇは連れてってもらっとるよ！　パーマはもう何十年とかけてないけど、長さは気になるもんでよぉカットは連れてってもらっとる。

人に会うときはこざっぱりしときたいもん。髪を整えるスプレーも使っとるだけど、じっと座っとるわけじゃないもんで気づくと『ふわ～』だわ（笑）！　柔らかい猫っ毛だし、歳取ったら毛量が少なくなってまとまりにくくなっとるけど、まぁ仕方ないよねぇ」

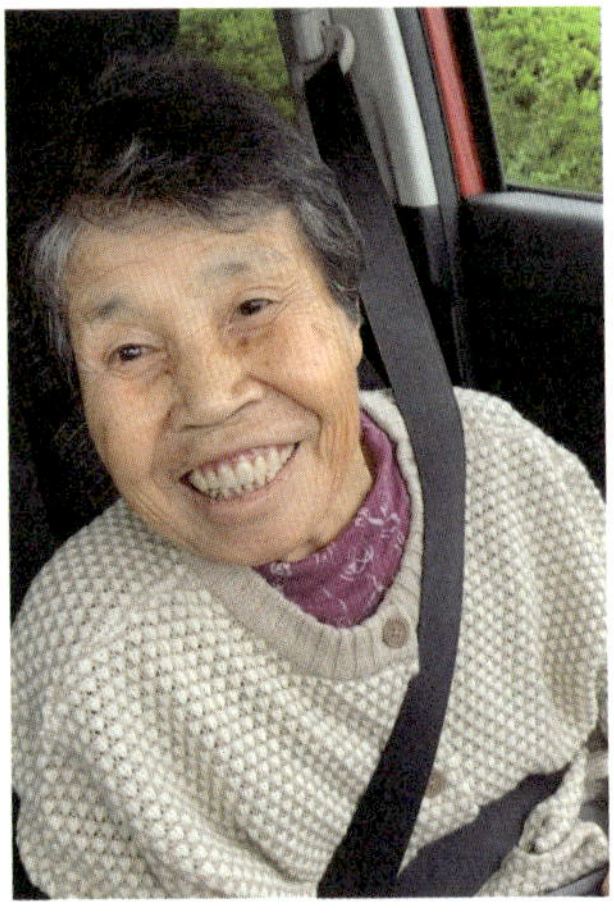
美容室行った直後だでキレイだらぁ？ 月1回はカットしてもらっとるよ

入れ歯だけど、
おかげでなんで
も食べれるだわ

・入れ歯ですか？

「はい！　入れ歯です！　下の前歯と奥に少しだけ自分の歯が残っとるけど、ほとんどないもんで総入れ歯だわ。

言い訳しとってもいかんだけど、農家で忙しい時期は歯医者へ行けんかったりもしてねぇ。気づくとボロボロになっちゃって、60代の頃かなぁ。今と同じような入れ歯を作ってもらっただ。

上手に作ってもらったせいだか、おかげとなんでも食べれるでありがたいわ。痛みがあったり気になるときは孫が歯医者へ連れてってくれる」

・介護認定は受けていますか？

「ひとりで生活出来るもんでまんだいいかなと思っとっただけど、娘がいろいろ動いてくれて2024年3月に認定してもらったよ。なんかあったときに手続きがスムーズになるだよね。家族が何かと心がけてやっちゃあくれるで助かるわ。

2024年夏に急に入院したときも、すぐにケアマネジャーさんと家族が相談して何かと動いてくれた。

体調によって施設でリハビリさせてもらうこともあるよ。施設へ行くとみんな優しくしてくれるし、ご飯もおいしいでありがたいわ！」

どこかへつかまれば立てるし歩けるよ！ 調子がいいときは腰もまっすぐに伸びるだ

・元気の秘訣はなんですか？

「この歳になると元気なときばっかかじゃないだけどねぇ。体操は30分以上、腹筋とスクワットを毎日やっとるよ。車に乗せてもらったり何かの待ち時間があるときは、手や足を動かしてちょっとした体操をしとる。そういう積み重ねはやっぱし大事な気がするねぇ。

あとはなんでも食べること。苦手な肉は食べんけど、他はなんでも食べるよ。野菜、魚介、豆類…甘いもんも（笑）！

それから明るくお笑いの方向でいく！

せっかく生きとるもん、明るいほうがいいもんね。楽しいほうが好きだもん！」

この貝は息子が磨いたの。ピカピカでキレイだら〜？ わたしの宝物！

3章

食べることが元気の源！

わたしにとって〝食べること〟は

わたしが好きな食べ物？　いっぱいあるよぉ〜！

肉とうなぎとあなごと辛いもんはダメだけど、あとはなんでも好き！

肉はあの臭いが苦手みたい。周りから「少しは肉も食べた方がいい！」って言われて何回か口に入れただけど、やっぱり気持ちがわるくなっちゃってねぇ。(※P39参照)

うなぎとあなごはヘビみたいだから好きじゃないの。道路や田んぼでヘビを見かけると、飛び上がるほど怖いだわ。

夫はうなぎが好きだもんで、土用の丑《うし》の日はスーパーへ買いに行っただけど、見るのも触るのもダメだもん。それを知っとる馴染みの店員さんがおると、面白がってうなぎをわたしの顔に近づけてくるで「キャー！」って叫んでね(笑)。周りの人が「どうしただ？」ってびっくりするまでがセット。毎年そんなことをしとったよ。まぁ、今じゃ夫がおらんでうなぎも買わんけどね。

夫と一緒におったときは、食べるもんも夫優先だった。一番に夫に用意して、わたしは適当にあとから食べれるもんを食べるだけ。夫は肉も好きだで、いろんなもんをこしらえたよ。とんかつも揚げたし、肉を入れた煮物や炒め物も作ったし、すき焼きも。味見が出来んもんでおいしかったかどうかは知らん！　でも残さず食べてくれたよ。

わたしの影響で子どもたちも肉を食べんくてね。食卓に出すことも少なかったで食べ慣れんもんだったんだろうね。ときどき出すとんかつは衣だけ食べて、肉は夫が食べとったわ（笑）。

あとから聞いたら、わたしが肉を食べんもんで女の人は肉を食べれんと息子は思っとったらしい。そいだもんでよその家の人と食事したときに肉を食べる女の人を見て「なんで女の人なのに…？」ってびっくりしただと（笑）。

今じゃ息子は肉が好きだもんで、うちの庭でよぉ孫たちとバーベキューしとるよ。わたしには魚介や野菜を焼いてくれるで少し食べさしてもらう。

若いときはがむしゃらに働いたもんで外食なんてほとんど行けんかったけど、60歳ぐらいからかな？「今日は頑張ったでどっか行こかや〜」って夫が食事に連れてってくれる日もあった。夫と行くのは、うどん屋か寿司屋。本当は肉が好きな人だもんで、行きたいお店もいろいろあったと思うけど、わたしに合わせていつも決まったお店へ連れてってくれた。

息子が外でよぉいろいろ焼いてくれるの。肉は食べんけど、魚介や野菜はおいしくよばれとる

夫がおったときはどんなに疲れとっても毎日食事の支度をしたけど、ひとりになるとダメだねぇ。料理をしたい気持ちや、食べたい気持ちが出ん日もあるだわ。そいだもんで、孫がちょこちょこおかずを作って持ってきてくれたり、買い物に連れてってくれてわたしが食べれそうなもんを一緒に選んでくれたりしとる。病院の帰りにはどっかへ寄って食べさせてくれたりもしてさ。

孫が用意してくれるものにしばらくは「わたしばっか食べちゃもったいない」「夫に申し訳ない」って気持ちばっかだったの。そんなわたしに孫が言うだわ。「おばあちゃんのために買ってきたんだよ」「おばあちゃんのために作ったんだよ」「おばあちゃん、これおいしいで食べてみて?」って。

夫と食べれんのはもちろん寂しいけどが、せっかくわたしのために用意してくれるだもん。夫の分までおいしくよばれることにしたの。だって、孫が食べさしてくれるのは、ぜんぶおいしいもん! あの子、わたしの好みをよぉ〜知っとるだニン! わたしのことを思ってやってくれるっちゅうのは、やっぱし嬉しいねぇ。

結婚してからずーっと「お父さん、お父さん」って夫最優先で生きとったけど、せっかく目の前においしいもんがあるなら喜んでよばれるが一番じゃんねぇ！　孫はもちろん、周りのみんなが何かとわたしを気にかけてくれて、いろんなもんを持ってきてくれるだわ。ありがたいことだねぇ。

おいしいもんを楽しくよばれる時間は、心のお洗濯だ！

冷たくて甘いもんは特に大好き！

こうして食べれるカラドがあるうちはありがたくよばれます！

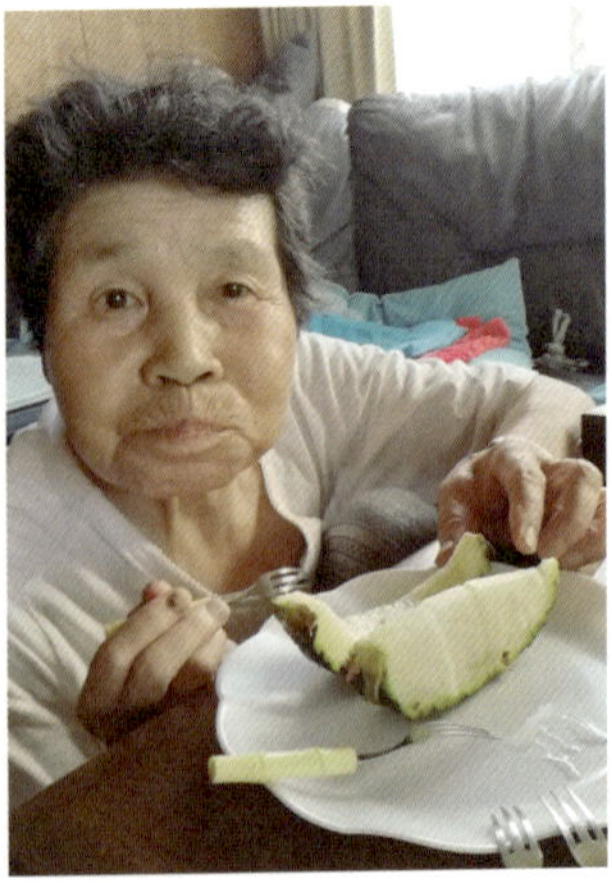

孫が珍しいパイナップルを持ってきてくれただ！ 甘くておいしかったよ～

孫が最近の食べ物を何かと食べさせてくれるの！ こんな歳でも初めてのもんっていっぱいあるだよねぇ

お気に入りのレシピを載せるわね〜!

わたしが普段作るのは簡単なもんばっかだけど、昔からずっと作っとるもんをいくつか紹介しようかねぇ。どれも夫が喜んで食べてくれたもんばっかだで何回も作ったよぉ。あと孫がよぉ作ってくれて、夫もわたしも大好きなたこ焼きのレシピも良かったら見てって〜。それから視聴者さんから教えてもらった炊き込みご飯も!

◎紹介するのはこの8品!

- 赤飯
- 大根の漬物
- ふきの煮物
- 昆布巻き
- 雑煮
- 豆味噌
- 米粉たこ焼き
- 丸ごと玉ねぎの炊き込みご飯

【赤飯】

田植えや稲刈りが終わったとき、勤労感謝の日、夫の誕生日、親戚やお客さんが家に来てくれるときなんかに毎年赤飯をよぉ作ったよ。作り方は自分の親や夫の親戚から教えてもらったのを参考に自分好みに調整したもん。まぁ、ぜんぶ適当だけどね。

小豆と米を水に浸けて、小豆を煮て、蒸し器を使って作るの。

味がしっかりついとるもんでごま塩はかけずに食べる。みりんを入れるからツヤが出てキレイなの。

材料

小豆 ………… 100グラム
もち米 ………… 500グラム

調味料
・酒、みりん ………… 各大さじ1
・塩、砂糖、だしの素 ………… 各小さじ1

作り方

［前日の準備］

小豆ともち米を洗い、それぞれたっぷり水を入れた容器で一晩浸ける。

［小豆を煮る］

❶鍋にたっぷりの水を入れて沸騰させたら、水を切った小豆を入れる。

❷少しぐつぐつさせて、小豆からアクが出たらお湯を捨てる。小豆も一度鍋から出す。

❸また鍋に水をたっぷりと入れ、沸騰したら小豆を入れて弱火で煮る。途中で差し水をしながら小豆がやわらかくなるまで煮る（約1時間）。

❹ザルを使って煮汁から小豆を取り出す。

❺小鍋に小豆の煮汁と調味料を入れ、砂糖が溶けるまで火にかける。

［赤飯を蒸す］

❻もち米の水をよく切り、小豆とまぜて蒸し布を敷いた蒸し器へ入れ、中火～強火で約40分火にかける。栗を入れるときは、皮を剥いて入れる。

❼米がやわらかく蒸せたら、蒸し布ごと大きい容器へうつし、⑤をかけてなじませる。

❽再度蒸し器に入れて、湯気が出てから10分蒸したら完成！

※小豆やお米の状態、量によって煮る時間・蒸す時間は異なります。様子を見てお好みで調整してください。

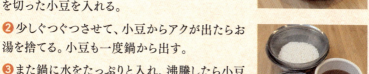

【大根の漬物】

畑で穫れた大根で漬物も毎年冬によぉ作ったよぉ！
夫も好きで一緒に毎日ポリポリ食べてねぇ。
友人や孫に持たせてやると喜ぶもんでいつも多めに作るだわ。
だいたい5キロの大根をいっぺんに漬けた。

材料

大根 ……………………………… 1キログラム
塩 ……………………… 冬は40グラム、夏は50グラム
甘酢
・砂糖 ……………………………… 100グラム
・酢 ……………………………… 40ミリリットル
・みりん ……………………………… 大さじ2
焼酎（ホワイトリカーなど25～35度のもの。料理酒や日本酒はNG）
……………………………… 大さじ1

※大根の量に合わせて調整してください。

作り方

❶大根の皮を剥いて、容器に入るくらいのサイズに切る。

❷①の大根を3～4日間塩漬けにする。水分がたっぷり出てくしゃっとなるまで毎日大根の向きを変える。

❸砂糖、酢、みりんで甘酢を作り、そこに塩漬けした大根を水分を切って入れる。

❹焼酎を上からふりかける。

❺数日大根の向きを変えながら様子を見て、味がしみたら完成！（目安は7日間くらい）

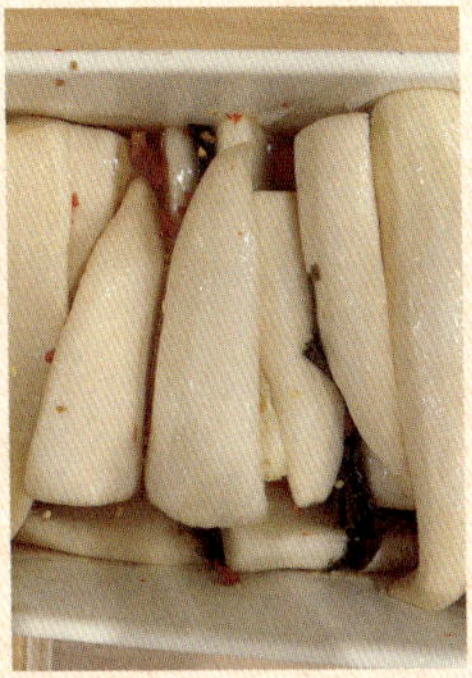

【ふきの煮物】

ふきは時期になるとうちの畑でもよぉ穫れるもんで、夫に毎年作ったよ。
わたしが肉を食べんもんでいつもツナ缶を入れて作るだわ。
もし作るんだったら、ふきがおいしい春の時期に作ると香りも良くなるよ！
ふきの皮剥きは手が真っ黒になるだけど、このやり方だと黒くならんの。

材料

ふき……10本
ツナ缶……1つ
塩……大さじ2
白だし、みりん、酒……各大さじ1
だしの素……小さじ1

作り方

❶大きめの鍋に水を入れ沸騰させ、塩を入れる。

❷ふきを軽く洗って、鍋に入るくらいの長さに切り、塩（分量外）で板ずりする。

❸②のふきを①の鍋に入れ、再度沸騰させて中火で3～5分ほどゆでる（ふきの色が少し緑っぽく変わるのが目安）。

❹たっぷり水を張った大きめのボウルにゆでたふきを入れて粗熱を取る。

❺ふきの端を指でつまみ皮を剥く（生で皮を剥くと手が黒くなり石けんで洗っても落ちにくいが、このやり方だと黒くなりにくい）。

❻ふきを軽く水で洗い、食べやすい大きさに切る。

❼ふきが浸かるくらいの水、ツナ（油は切らない）、白だし、みりん、酒、だしの素を鍋に入れ、沸騰させる。

❽沸騰した鍋にふきを入れ、中火で約3分煮る。

❾味見をして好みの味に調整し、好みのかたさになるまで煮たら完成！

【昆布巻き】

これは嫁ぐ前、一番上の姉と一緒に正月によぉ作っただニン！

嫁いでからは夫が釣ってきたハゼを干して真ん中へ入れて巻いた。

夫が亡くなってからはしばらく作っとらんだけど、２０２３年の年末に孫と一緒に久しぶりに作ったの。

いつも入れるハゼやちくわは入れなんだけど、おいしく出来たよ～！

材料

昆布 …… 大きいものなら1枚
ハゼの干物（丸干しのもの。なくても可）
にんじん …… 1本
ごぼう …… 1本
ちくわ …… 2本
油揚げ …… 大きいものなら1枚
かんぴょう …… 適量
醤油、砂糖 …… 各大さじ1
だしの素 …… 小さじ1

作り方

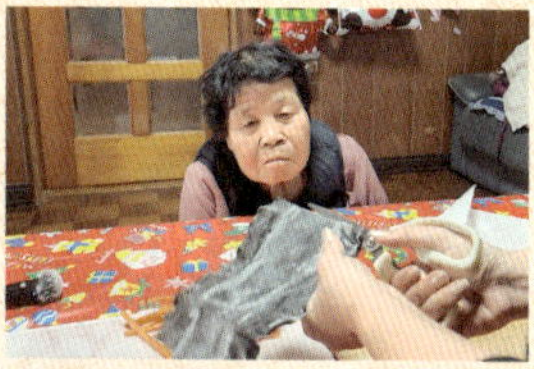

❶ 大きめの昆布をキッチンペーパーで拭く（水で洗わない）。

❷ にんじん、ごぼうを昆布の幅に合わせた長さで巻きやすい細さに切る。ちくわを縦4つに切る。

❸ ごぼうはアクを抜くためにゆでる。

❹ 油揚げは2センチメートルほどの長さに切る。

❺ 昆布は12センチメートルほどの長さに切る（用意した具材が包めるか確認して長さを決める）。

❻ ハゼの干物を芯にして、ごぼう、にんじん、油揚げ、ちくわを昆布で包み、かんぴょうで2ヶ所をしばる。

❼ 小さい鍋へ⑥と浸かるくらいの水を入れ、醤油、砂糖、だしの素を入れ弱火でコトコト煮る。

❽ 昆布がやわらかくなったら完成！

※具材が余ったら細かく刻んで煮て、炊き込みご飯などに使ってください。

【雑煮】

お餅は毎年年末になると家で作るだわ！

そいで角餅を作っといて、正月になると雑煮を作るよ！　これはわたしが子どもんときから食べとる味。

雑煮は地域や家によっていろいろだけどねぇ。わたしたちはずーっとこの味！

材料（2人分）

白菜……2枚
餅……4個
油揚げ……2枚
醤油、みりん、酒……各大さじ1
だしの素……小さじ1
焼き海苔、鰹節……適量

作り方

❶鍋に白菜、餅、油揚げ、浸かるくらいの水を入れる。

❷餅が少しやわらかくなるまで煮る。

❸醤油、みりん、酒、だしの素で味をつける。

❹餅が少し溶けて汁が白っぽく濁るまで中火で煮る。器へうつし、焼き海苔と鰹節をのせて完成！

【豆味噌】

家の畑で穫れた黒豆で毎年味噌を作っとるよ。豆のつぶつぶが好きだもんで、自分の好みに合わせて作るの。市販の味噌も使うことがあるだけど、豆の粒がそぉないもんで物足りんじゃんねぇ。

冬至頃に作るのがいいって昔から言われとるで、毎年それぐらいに作っとる。

材料

黒豆	1.5キログラム
豆味噌糀	400グラム
米糀	600グラム
塩	450グラム
焼酎	適量（ホワイトリカーなど）

作り方

❶黒豆を24時間たっぷりの水に浸けておく。

❷豆味噌糀と米糀と塩2/3をまぜる（塩1/3は表面にかけるため、よけておく）。

❸大きな鍋に水をたっぷりと入れ、黒豆を親指と小指で潰せるくらいにやわらかくなるまで中火で煮る。途中でアク（泡）を取る。

❹フードプロセッサーで黒豆を潰す。

❺豆の煮汁を人肌くらいまで温める。

❻④の黒豆と②の糀と塩をまぜ、⑤の豆の煮汁を加えながらかたさを調整する。

❼味噌を保管する容器を焼酎で消毒し、⑥をしゃもじで叩きつけながら入れる。

❽容器ごと床に何度か落として空気を抜く。

❾表面を平らに整えて、残しておいた塩1/3をかける。

❿焼酎を表面にかけて消毒する。

⓫ラップをかけてふたをしっかりと閉める。

⓬10ヶ月間置くと味噌が完成！

【米粉たこ焼き】

孫が作るたこ焼きは本当においしいの！　たまにお店で買ったのを食べるだけど、やっぱりなんか違うだわ。米粉を使っとるでかやぁ？　なんかあっさりしとって、いくらでも食べれるの。

そいだもんでいつも多めに作ってもらって、冷蔵庫へ入れといてもらうんだニン。冷めてもおいしいもんさ〜！　冷蔵庫にたこ焼きが入っとるときは、ちょこちょこ出して少しずつ食べるのが楽しみなの！

材料（50個分）

米粉	200グラム
だし汁	900ミリリットル
卵	3個
長芋	10センチメートル
片栗粉	大さじ2
ベーキングパウダー	小さじ1
塩	小さじ1
醤油	大さじ1
具材（たこ、ねぎ、紅生姜）	適量

作り方

❶ 長芋をすりおろし、具材以外の全ての材料を混ぜて生地を作る。

❷ たこ焼き器で①と具材を焼く。

❸ 焼けたらソース、ポン酢、マヨネーズ、鰹節、青のり（全て分量外）などを好みでかけたら完成！

【丸ごと玉ねぎの炊き込みご飯】

材料

米 ………… 2合
玉ねぎ ………… 1個
ツナ缶 ………… 1つ
コンソメ ………… 小さじ2
バター ………… 5グラム
水 ………… 380ミリリットル

作り方

❶玉ねぎに放射状の切り込みを入れる。

❷炊飯器に全て入れて炊飯。

❸炊き上がったら玉ねぎを崩すように混ぜて完成！

「元のレシピはベーコンを使うんだけどわたしは肉が苦手だでツナを入れる。簡単だけど本当に良い味！ わたしも孫も何回も作っとる。新玉ねぎで作ると余計おいしいだ！」

YouTubeの
視聴者さんから
教えてもらった

4章

孫との旅行

1泊2日の有馬温泉旅

2018年4月、夫があっちの国へ行って約2ヶ月後に孫が旅行へ連れてってくれた。写真をいっぱい撮ってくれとったで、そのアルバムを見ながら振り返ろうかねぇ〜。

スケジュール

1日目

	孫が迎えにきて自宅出発
12:00	レストランで昼食
13:00	六甲山牧場でお散歩
15:00	温泉旅館到着
16:00	大浴場で入浴
17:00	孫にマッサージ
18:00	夕食
20:00	大浴場で入浴
21:00	就寝

2日目

4:00	起床
9:00	朝食
10:00	旅館出発
11:00	芝桜を見る
13:00	昼食
15:00	帰宅

1日目

2018年4月、孫が有馬温泉へ連れてってくれたの。夫が亡くなってあまりに落ち込むわたしを心配して息子が孫にお願いしてくれたみたい。「歩けるうちに出かけておいで」って。

有馬温泉へ行くのは何十年ぶり。以前行ったときはまだ息子が1~2歳でね。友人家族と一緒に行ったわ。

そのときは宝塚を観に行ったの。わたしが楽しみにしとったもんで、息子がぐずると夫が抱っこして外へ出てあやしてくれたりもしてね。

そんな懐かしい思い出の場所に孫と行けるなんて嬉しかったよぉ。

まず向かったのは六甲山牧場。

昼食は六甲山牧場にあるレストランでチーズフォンデュをよばれたよ。そんな洒落たもん食べるの初めてだもん！　孫はわたしが食べたことないもんを何かと用意してくれるの。おいしくていろいろおかわりさしてもらっただわ。パンや海鮮、チーズも大好きだもん。お腹の貯金箱、いっぱいなりました！
おいしそうなぶどうのジュースが赤と白とあってねぇ。両方注文して飲み比べしたの。どっちもおいしかったよぉ。

それから牧場の中を散歩して。4月だもんでまんだ少し桜が咲いとったよ。牧場だでいろんな動物がおってねぇ。孫が幼い頃は、家から歩いていけるとこに小さい牧場があったもんで、よぉ散歩がてら一緒に見ぃ行っただわ。懐かしいねぇ。乳母車に乗せてさ。久しぶりに羊を見ただけど、毛がどれくらいの厚みか気になって、つい指を入れて確認しちまったわ。孫がそんなわたしを見て笑っとった（笑）！

この日もちょうど過ごしやすい暖かい日だった。広いとこだけど、シルバーカーを持ってきてくれたもんでどんだけでも歩けた。段差のあるとこなんかは手をつないでくれて助かったよ。孫が優しくしてくれるで本当に嬉しい。

このメガネは少しでも旅行を楽しめるようにって娘がお店へ連れてってくれて作ってもらったんだ

旅館はキレイなとこで、とっても丁寧に接していただいて心臓ドキドキ！　緊張したわ〜！

部屋に着いたらお茶をいただいてね。孫との時間は楽しいだけど、やっぱりふとしたときにすぐ涙が出ちまうだ。夫と以前旅行へ行ったときはこんな会話をしたな、とか思い出してね。夫とまたどこどこへ旅行へ行きたかったな、とか。

「お父さん、あんたは男前なのにこんなわたしを連れてきてくれてわるいねぇ」って旅先でわたしが言うと「お前ついてくるであかんだわ！」ってね（笑）。いつも二人でそんな冗談ばかり言い合ってたの。そんな会話も、もう出来んもんねぇ。

食事の前に孫が車椅子を押してくれて大きいお風呂に入ったよ。

他に誰もおらんだもんで、ほんの少し平泳ぎさしてもらったのはここだけの話（笑）。わたしね、昔から大きいお風呂で泳ぐのが好きなの。

有馬温泉は息子が小さいときに夫と来たで、
いろんなことを思い出すわ

どこに行っても
いつもの体操は
ちゃんとするだ!
だって座っとるだ
けじゃ時間がも
ったいないもん

有馬温泉だでお湯もとても良くてねぇ！　肌がすべすべになっただニン！　やっぱり温泉はいいねぇ。

お風呂のあとは孫にマッサージしてやっただ。こんないいとこ連れてきてもらって、わたしが出来ることってそれくらいだもん。

食事はお部屋でいろんなもんをよばれた。

肉が苦手だもんで、わたしには魚介類をよぉ出してもらっただわ。伊勢海老までいただいて。

それで、一品出してもらうたびに夫の写真に話しかけとったの。

「お父さん、ねぇ！　ご馳走だよ」「あんたも食べる？」「おいしい？」「あんたもこういうもんが好きだもんね」「ビール飲む？」ってね。

そしたら食事を運んでくださる方が、夫のために白いご飯とお茶を用意してくれたの。こんなことしてもらえるなんて夢にも思わん！　まぁ〜嬉しくてねぇ。孫と一緒にびっくりしながら大喜びだわ。
ありがたいねぇ。夢にぼた餅だ！
きっと夫もおいしくいただいたと思うよ。

料理は本当にどれもおいしくて、ビールや日本酒も飲ませてもらった。デザートまでしっかり完食！
今よりもちぃと若かったもんで、よぉ食べただわ。

もう1回大浴場に孫と行ってから布団へ入った。

お父さん、あんたもおいしかったよね？ 旅館の方の温かい心に感謝だわ

2日目

朝4時頃に目が覚めたもんで、布団の上でいつもの体操をしとったたわ。足を高く上げて、下にバタン！　とおろすの。

そしたら孫が「静かにして」って言うの（笑）。

どうやらわたしのいびきで孫は寝れんかったらしくてねぇ。そいだもんでそのあとは静かに体操したたわ。

朝食はまたお部屋でよばれた。いろんなもんを出してくれておいしくよばれたよ。

前日に続いておいしいもんばっかで、胃がびっくり

朝食前に窓際で新聞を読んどったら、孫がお茶を淹れてくれたの。至れり尽くせりの旅だわ

旅館に竹林があって、気持ち良かったよ〜！
この服はシワにならんで旅行のときはよぉ着てっただ

しとったわ（笑）！

旅館の庭園もまた素敵でねぇ！　出発する前に少し見せてもらったら、なんだか気持ちがスーッとした。

本当にどこもかしこもよく整えられてるお宿だったの。ここを選んでくれた孫と旅費を負担してくれた息子に感謝だねぇ。

わたしがお花を好きだもんで、芝桜を見れるとこを孫が調べて連れてってくれたの。大好きなピンク色が一面に広がっててそりゃあ嬉しかったけど、ピンクは夫も好きだったもん。こんなキレイなとこ、ひとりで見ちゃもったいないで写真を取り出して、夫にも見せただ。
夫に話しかけとったら、やっぱり泣けてきちまってねぇ。孫が横に座って静かにさすってくれた。

孫がカメラを持ってきとって、「おじいちゃんと一緒に撮ろう!」って、夫の写真とも撮ってくれた。嬉しいような、やっぱり心細いような、寂しいような、いろんな気持ちになっとった。

そんな中、孫がなんかガタン! と音を立てただわ。見ると落ち込んだ顔で「カメラ落としちゃった…」と。壊れたわけじゃないで良かったけど、びっくりしただよねぇ。
それまでわたしは自分と夫のことで頭がいっぱいだったけど、いきなり元気をなくした孫が気になっちまって(笑)。可愛い孫だもんさぁ、いっしょけん(一生懸命)で励ましただわ。「大丈夫、大丈夫」って。

この場所も広くて結構歩いたもんで、アイス食べながら休憩したんだ。黒豆が入ったアイス、おいしかったよぉ。

芝桜の苗が売っとったもんで、3色買ったの。庭に植えたら少しずつ大きくなって、株分けして増やしてしばらく楽しんだ。庭の芝桜を見るたびにこの旅行のことを思い出して、心がふんわかしとったわ。正直！　本当！

昼食はお蕎麦屋さんへ。十割そばなんて食べる機会なかなかないもん！　栄養満点で、おいしくよばれた。夫がそばを好きじゃなかったもんで、家ではほとんど食べんの。うどんはよぉ一緒に食べたけどさ。

店内はなんだか懐かしいような雰囲気でねぇ。お店へ着くまでちょっと道に迷ったみたいだけど、いいとこ連れてってもらったわ！

ピンクの芝桜はキレイだったけど、夫と一緒に見たくてなかなか涙が止まらんかった

黒豆が入ったアイス、おいしかったよ〜！ いつもどおり孫より早く完食だわ

孫と初めての旅行を終えて

夫が亡くなってまだまだ寂しいときだったけど、いろんなとこへ連れてってもらって感謝だねぇ。

最初旅行の話を聞いたときは、そんな出かける気になれんくて「いい！　いい！」って断っとっただけど。行ってみるといろんな思い出を作ってくれてありがたかったわ。

思い返すと、まだ今ほど腰も曲がってないし体力もあったで良かっただ。当時もそりゃある程度の歳だで足腰が痛む日もあっただけど、この旅行のときは本当に体調も良くてねぇ。

いつの間にか写真をよぉけ撮ってくれとって、ちょっとしてから孫がフォトブックを作ってくれただ。今でもときどき見ては「あ〜、ここ行ったな」「ここではこうだったな」って思っとるよ。

旅行を提案してくれた息子、メガネ作りを手伝ってくれた娘、旅行へ連れてってくれた孫のおかげで楽しい時間を過ごせました。夫との別れは寂しいけどいい思い出だわ。感謝だねぇ！

1泊2日の熱海温泉旅

　2023年11月、孫が熱海旅行に連れてってくれたニン！もういろんなことがあってねぇ！　どこから話そうかやぁ～？

スケジュール

1日目

	孫が迎えにきて自宅出発
11:00	昼食
13:00	熱海梅園で紅葉狩り＆足湯
15:00	温泉旅館到着
15:30	部屋の露天風呂で入浴
16:30	指圧マッサージ
18:00	夕食
20:30	孫にマッサージ
21:00	美顔器でマッサージ
22:00	就寝

2日目

6:30	起床、部屋の露天風呂で入浴
8:00	朝食
10:00	旅館出発
11:00	熱海芸妓『湯めまちをどり華の舞』鑑賞
13:00	昼食
14:30	小田原フラワーガーデンで散策
15:30	ざる菊園で散策
	帰宅

いつもなら朝起きてご飯を食べるだけど、久しぶりの旅行だもんでドキドキして食欲もどっか行っちまってパンしか食べれなんだ（しっかり食べてる笑）。

そっからいろいろ準備しとったら孫が来てくれて、一緒に仏壇で夫に挨拶したら車に乗って出発〜！

高速道路に乗ると、夫といろいろ出かけたことを思い出してワクワクするニン！

泊まりで出かけることは聞いとったけど、行き先は当日聞いたんだ。孫から聞いてびっくり！　熱海温泉だと‼

熱海へ行くのはこれで3回目。1回目は新婚旅行で、2回目は娘が嫁入りで着物を作ったとき、呉服屋に招待されて行ったんだ。1回目と2回目は偶然にも同じ「つるやホテル」っちゅうとこ。有名な宿だと思ったけど、もう今じゃなくなったみたいだねぇ。それは残念だけど、ずっと熱海にまた行きたいって思っとったで嬉しかったわ〜！

車で退屈せんように孫が買ってくれた本を持ってっただ。いろんなお花の写真が載っとるもんで、どんだけ見ても飽きんだわ。この本は数年前にわたしが入院するときに孫が買ってくれた本でねぇ。お気に入りでときどき開いては眺めとるんだ。

あと孫が作ってくれたアルバム！　わたしのきょうだいの写真を孫が撮って印刷してくれたの。そんなんを見とったらあっちゅう間に休憩タイム。

お昼はうどんを食べたよぉ。車に戻ったらなんか冷たいのを買ってくれてねぇ。うどんでお腹いっぱいだったけど、甘くて冷

冷たくておいしいもんを孫がよぉ買ってくれるだ。これはいつも別腹〜！あっという間に飲んじゃうで、いつも孫がびっくりするだわ（笑）

車で移動中はお気に入りの花の本を見とった。車酔いせんでありがたいわ

たいもんはよぉ入るだ！

「ちょうど紅葉がキレイみたいだけど行く？」って孫が言ってくれてねぇ。体調も良かったもんで行くことにしたの。

久しぶりによぉけ歩いたけどが、いい景色を見してもらったわぁ！　普段は家の畑におるだけだもん。よぉ連れてってくれて感謝だねぇ。熱海には来たことあっても、こんなとこ来たことないもん！

一番上まで歩くと足湯があるって言うもんで、いっしょけん（一生懸命）で歩いただ。足湯って不思議だねぇ。ちょっと入るだけで

熱海梅園は初めて来たけど、いいとこだねぇ！
毎年紅葉の時期になると孫がキレイなとこに
連れてってくれるだ

足がものすごく軽くなるじゃん！　足湯も久しぶりだもんで嬉しかったぁ！

孫と歩いとったら声をかけてくれる人がいてねぇ。わたしの動画を観てくれとるだって。そんなよぉ気づいてくれるなぁ〜ってびっくりしたわ！　いろんな人に応援してもらって感謝だねぇ。

孫がわたしのことをいろいろ考えて旅館を予約してくれたみたい。

お部屋に入ったらお茶と一緒にお菓子をいただいただけど、これがおいしくてねぇ！　蒸しきんつばっちゅうもんで、中に栗が入っとって良い甘さだった。息子へのお土産はこれに決定して、孫が売店へ買いに行ってくれた。

お部屋に温泉があったもんで、早速入らせてもらったよぉ！

こういう旅館の大きいお風呂って昔は好きだったけどが、今は歩くのも大変になっちゃったもん。部屋で入れるのはありがたいねぇ。

孫がえらい心配してくれて、「一緒に入ろうか？」って聞いてくれたけど、まんだ大丈夫だで断っただ（笑）！　熱海の海も見えて気持ち良かった〜！

風呂から出て少ししたら指圧マッサージの人が来てくれてねぇ！　孫がよんでくれたんだけど、こんなこと旅館でしてもらうの初めてで、びっくりして遠慮させてもらおうと思っただけどねぇ。孫がいろいろ言うもんでやってもらうことにしたんだ。

こんな腰が曲がったカラドだけど、マッサージ師さんからは「おしりがかっこいいわね！」「体が柔らかいね！」なんて褒めてもらってねぇ。毎日体操しとるせいだかや？　やっぱし褒められると嬉しいもんだ。

マッサージが始まってしばらくしてから孫は大浴場に行ったみたい。その間、マッサージ師さんと二人だもんでいろんな話をしてねぇ。歳が近い人だったもんで、余計楽しかったわ！

マッサージが終わると、最近ずっと痛みがあった腕がすごく楽になったんだ。やっぱりプロはすごいねぇ。紅葉を見によぉけ歩いたけど、足の疲れもなくなった。これで明日もどんだけでも歩けるわ！

マッサージが始まるまでは「いい！　いい！」って断ろうとしとったけど、やっぱしいいもんだねぇ。

んまぁ〜夕飯は本当に豪華でねぇ！　わたしが好きなもんばっかで何を口ぃ入れてもおいしかった〜！

食前酒の梅酒、豪華なお刺身、サザエのつぼ焼き、金目鯛の煮付け、伊勢海老鬼殻焼き、ビール、シャンパンまでいただいて。

大好きな海鮮がたくさん次から次へ出てきて、もう十分！　と思いながらも見るとつい食べちゃうだわ（笑）。シャンパンなんて飲んだことないもんで、グラスの持ち方も分からんけどおいしかった〜！

次から次へおいしいもんが出て、幸せの最高潮！

ワインを見ると兄を思い出す。ちょうどわたしの兄が家に来てくれたとき、孫が買ってくれたワインがあってねぇ。そいで「兄ちゃん、ワイン飲んでみるカン？」って聞いたら、喜んでねぇ。普段は日本酒ばっかし飲む人だもんで、「ワインなんて初めて飲む！　うまい！うまい！」って。兄が笑顔でワインを飲んでくれた姿は今でもよぉ思い出すだわ。

こんなに好きなもんをたらふく食べれる旅行は孫と行ったからだねぇ。夫と行く旅行は友達夫婦や近所の人が一緒のことが多かったもんで、みんな肉料理をよぉ食べるだわ。そうするとわたしは肉の臭いも苦手で離れたとこにおって、おにぎりか何かもらって食べるだけだもん。こんなに好物ばっか用意してもらってありがたいねぇ。

大きな金目鯛は熱海の名物だって！　焼いたみかんが一緒に煮てあって、皮ごと食べれるだと。みかんも大好きだもん。ペロっと食べちまって、ほっぺが飛んじゃうわ。こういう煮魚を見ると父親を思い出す。父は魚をキレイに食べた後にお茶をかけて煮汁まで飲み干す人でね。

夕食のあとは孫にお返しの時間でマッサージをしてやったわ。こんなとこまで連れてきてくれて、マッサージも食事も温泉も至れり尽くせりだもん。
「おばあちゃん、もういいよ」って何回か言っとったけど、なんもこれくらい平気だもん！　30分ぐれぇマッサージしたったかなぁ。
若いときから人にマッサージをするのが好きでね。嫁ぐ前は青年団に入ってスポーツの試合についてって、休憩時間になるとみんなにマッサージしとった。

嫁いでからときどき実家に帰ったときは、縁側に座る母のとこへ行って「ちょっと横になりん」って言って、頭から足の先まで全身マッサージしたよ。

金目鯛の煮付けなんて久しぶり!
おいしすぎて持って帰って仏壇(夫)へ
供えたくなったわ

2日目

朝起きて一番に部屋の温泉へ入った。もうちぃと若いときなら何回でも入ったけどねぇ。今は何するにも時間がかかるもんで、温泉には昨日入ったで十分と思ったけど、早くに目が覚めたでゆっくり入らせてもらったわ！　良い湯だったよぉ〜。

朝食も部屋で用意してもらった。伊勢海老が入った味噌汁は大きな器だで黒田節でも始まるかと思ったわ。出来立てのお豆腐やデザートにはヨーグルトまでついて。朝から幸せだねぇ。どれも本当においしくよばれました。

次に向かった先は、初めてのこと！　芸妓さんが観れるとこを孫がどっかから見つけてくれて。一回観てみたいと思っとったんだわ。

会場へ向かうと外に人が並んどったけど、わたしの腰曲がりを見て助けてくれる人がたくさんでねぇ。孫ももちろんいろいろ支えてくれとったけど、見ず知らずの人も本当に温かくしてくれてありがたかったぁ。助けてくれた人はわたしよりいくつか年下の男性だったで「青年の皆様！ありがとねぇ！」って言ったら、みんな笑っとったわ（笑）。

初めて芸妓さんの踊りや三味線の演奏を目の前で見せてもらって、いい時間だったよ〜！　公演が終わったあとに芸妓さんと並んで写真を撮らせてもらっただけど、みんな優しくてキレイでねぇ。「あなたたちのおかげで元気になる人がたくさんおるで、おカラド大事にね」って芸妓さんへ伝えたら、「そんなこと言っ

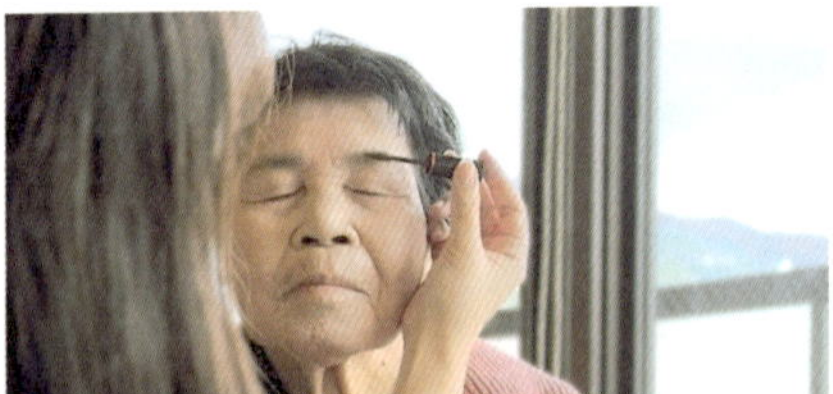

この日も孫がお化粧してくれたの。今じゃ自分で出来んもんでありがたいわ〜

てくださるお客様は初めてです」って。ふふっ。

大変なこともあるだろうけど、これからも頑張ってもらいたいねぇ。


昼食はまたいろんなもんを食べさしてもらったよ。天ぷら、刺身、サラダ、煮物、いろいろと。

食後にコーヒーが出ただけど、孫はわたしのことをよぉ分かっとるの。何も言わんでも砂糖もミルクも入れてくれて！　わたしがミルク大好きなのも知っとるもんで自分の分も入れてくれてねぇ。ミルクが多いと余計おいしいもん。

昼食のあとは、バラが咲いとるとこに連れてってくれたんだ。何回かバラの時期に孫がいろんなとこ連れてってくれたけど、今回は小田原フラワーガーデンっちゅうとこ。いろんな色のバラが大きく咲いとってキレイだったよぉ。バラは挿し木でもつくだよね。家で育てたことがある。

温室にも入ってぐる〜っと1周しただわ。大きい葉っぱや変わった植物があったよ。

お花の苗もいくつか買ってもらって大満足！

これでもう帰るんだと思ったら、孫が運転しながら何か見つけたらしくてねぇ。「おばあちゃん、車から降りて」って言うだけど、もう面倒になっちゃって（笑）。「まぁいいわ！　あんただけ降りてよ」って言っただけど、「いいもの見れるから降りて」って孫が何回も（笑）。

そいで渋々車から降りただけど、ちょっと歩いてびっくり！　んまぁ〜見事に菊が咲いとるの!!!

あんなに車から渋々降りただけど、ほんと！　得したわ！　こんなキレイな菊がたくさん咲いとるとこは生まれて初めてだもん。

夫も花が好きで、家で一緒にいろいろ植えとった。こんな見事な菊、夫が見たら喜ぶになぁ。大喜びで菊を見せてもらっとったら、そこの方が菊を1本くださってねぇ。それは帰宅したらすぐ仏壇に供えて夫に見てもらおうと思ったよ。

今でもあの見事な菊は忘れられん！　あんなによぉけの菊をキレイに咲かせるって、管理が大変だと思うよ。どうやって水をかけとるだろねぇ？　いいもん見してもらったわ〜。

帰りは車でうとうとしとったら、気づいたら自分の家！

早速仏壇へ行って夫に報告した。孫が親切にしてくれたこと。楽しい旅だったこと。キレイな菊をいただいたこと。夫と一緒に行きたかったし、食べたかったこと。熱海で思い出した夫との思い出。

そして「見守ってくれてありがとう」ってね。

また孫に連れてきてもらえるよう元気でおらにゃあねぇ

孫が旅行のときに気をつけたこと

高齢の祖母と外出する際は、いろいろと準備したり注意を払うようにしています。書き出すとたくさんあるのですが、こちらのページでは熱海温泉旅行のとき、特に気をつけたことを6つ書いてみます！

①事前によく調べて複数のプランを考える

まずお花や紅葉の見頃、食事や休憩の場所を調査。祖母の体調や気分、天候やハプニングに合わせて行き先を選べるよう複数のプランを考えました。余裕を持った移動時間で予定を立てたため、当日は焦ることなく祖母のペースに合わせて行動出来て良かったです！

②体調を万全に整える

祖母もわたしも体調をしっかり整えました。特に取り組んだことは、祖母の新しい入れ歯を作ることです。ときどき痛みがあると言っていたので、入れ歯を新しく作り、数ヶ月かけて調整しました。

③それぞれの場面で快適に過ごせるようなものを持って行く

たくさんありますが、特に持って行って良かったものを5つ紹介します。

・車の吊り革……乗車中に握っていると体が安定するようで、祖母のお気に入り。

・シルバーカー……歩いて移動するときの必須アイテム！　荷物も入れられて大活躍。

・バスタオル……今回は車で寝るときに首に巻いて使用。腰に当てたり膝にかけたり何かと使えます。

・パジャマ……旅館の部屋内で着用。腰が曲がった祖母は浴衣を着るのも一苦労なため、持参して良かったです。

・大きめのビニール袋……車内で靴を脱ぐときに、足元に敷いて使用。シルバーカーを車に積むときにも、袋に入れることで汚れが気になりません。

④祖母の上着は3種類持参する

当日の気温や体調に合わせて調整出来るよう、祖母の上着は3種類（長めのコート、短めのベスト、カーディガン）持って行きました。

11月の旅行だったため、寒くなることも想定して長めのコートを旅行直前に買い足しました。当日は暖かかったので、ベストとカーディガンを組み合わせて着用。気軽に上着を着脱出来、体温調整しやすかったです。

⑤祖母が快適に過ごせる旅館とプランを選ぶ

「熱海温泉」と検索するとたくさんの素敵なお宿が見つかり、どこへ行こうかとても迷いました。そこで祖母の負担を少なくするための条件を考え、次の3つに当てはまるよう探すとグッと候補が絞られました。

1：朝食も夕食もお部屋でいただける　2：お部屋で温泉に入れる　3：祖母が食べられるメニューがある

今の祖母は腰が曲がって背中が丸まりやすかったり、指先がうまく動かせなかったりして、正しい姿勢でキレイに食事をすることが難しいときがあります。「今の自分が食事する姿を人に見られたくない」という思いから、祖母は外食へ行きたがらないことが増えました。

そんな祖母の思いを考慮し、食事はすべてお部屋でいただきたいと思いましたが、朝食は別の場所で用意いただく旅館が多かったです。そして露天風呂付き客室を探すと、お部屋のお風呂は温泉でない旅館が多いことにも気づきました。

そこで見つけたのが「秀花園 湯の花膳」さんです。メイン料理を魚か肉か選べる少食プランがあり、祖母にぴったりだと思いました。

実際に行ってみると、お料理もおいしくお部屋から海も見えて、祖母もとても喜んでくれました。

指圧マッサージをお願いしたり、美顔器のレンタルも利用させていただき、祖母もわたしも大満足の時間を過ごせました！

⑥慣れない場所では特にこまめに声をかける

旅行当日に特に意識したことです。祖母は視界が狭くなっているので、移動中、食事中、待ち時間など、どんなときもこまめに声をかけました。

用意してもらった料理のこと、これからの予定、今の状況と理由、祖母にしてほしいこと、そのとき感じたことをそれぞれのタイミングで具体的に伝えました。

例えば「おいしそうなお刺身だね！　おばあちゃんが好きなエビもあるよ」「あと10分くらいで紅葉を見る場所に着くよ」などです。

特に「おいしいね」「キレイだね」「素敵だね」「あたたかいね」「来れて良かったね」などは、実際に声に出して言うと自分も相手も感じ方が全然違うと思います。

慣れない場所では不安な気持ちもあると思うので、こまめに言葉で伝えることで祖母が安心してその時間を楽しんでくれたら嬉しいなと思いました。

わたしが孫に思うこと

孫は5人おるけど、ここではSNSでわたしを投稿してくれとる子（yoshino）について話すわね。

わたしと夫にとって初孫だもんで、生まれたときはもう嬉しくて可愛くてねぇ！自分の子のときは忙しくて可愛がる余裕なんかなかったもんで、夫といっぱいいっぱい可愛がっただよ。

孫が1歳過ぎるまでは一緒に暮らしとったもんで、夫がよぉ風呂に入れとった。夫が風呂から「おーい！」って何回もよぶだわ。見に行ったら孫を抱っこして湯船に入っとってね。んまぁ～湯船がキレイな色になっとったの（笑）！　気持ち良くてつい出ただにねぇ。まんだ母乳しか飲んでないときだで、本当にキレイな色で今でもよく覚えとる。そいだで孫とお墓へ行くときは、いつもその話をしてやるだ。

「あんた（夫）が風呂へ入れとったらキレイなのが出ただよね～。あの小さかった子が連れてきてくれました！」ってね。孫は「もうその話はいいよ」って言うだけど、忘れられん可愛い思い出だもん！

ちょっと歩けるようになると、ピンクの雑巾を孫用に用意してやっただ。そしたらわたしの真似して床掃除してねぇ。「えらい！　えらい！」って褒めたら嬉しかったんだろうねぇ。ピンクの雑巾を階段のとこへ置いといたら自分で取りに行って、掃除をするようになったの。

「よーい、どん！」って二人で廊下を端から端まで雑巾掛けして競争したこともあったよ。

あとホウキも好きでねぇ。まんだカラドが小さくて、ホウキより小さいのにいっしょけん（一生懸命）で持ってさ〜。わたしを真似して玄関を掃除してくれとった。小さいけどよく見とるだねぇ。

孫が生まれた記念に夫が柚子の木を植えただ。今でも毎年よぉ実をつけてくれて、

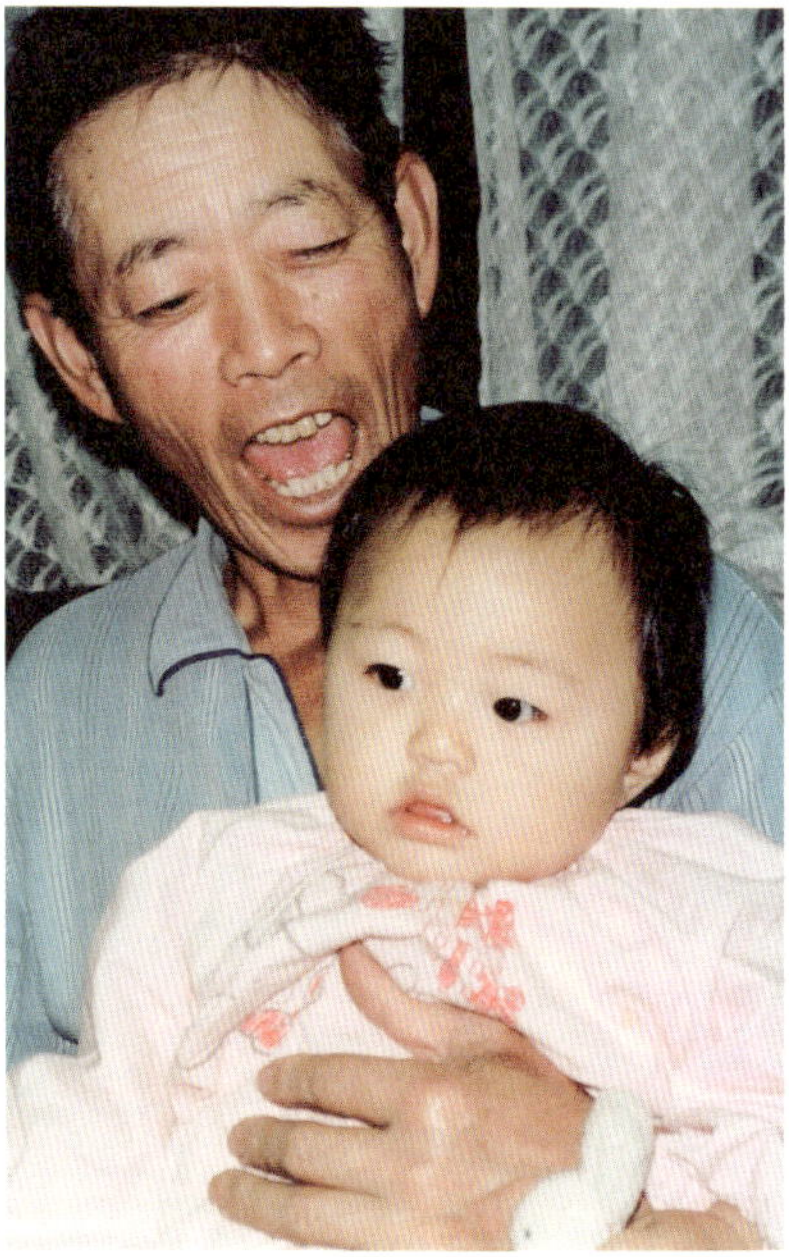

孫が1歳になったとき、夫と餅をついて背負わせただ。初孫だもんで可愛くて仕方なかったよ〜

この子は毛が薄かったもんで、夫が近所の毛がふさふさの子を見かけては「うちの孫に分けてやってくれ」なんて言っとったわ（笑）

ここ数年は孫がポン酢を作っとるよ。

実はね、孫とはしばらく会わん期間があったの。孫が小学生の頃に息子が離婚してね。それから10年以上顔を見ずにおっただけど、ある日孫が電話をくれて、会いにきてくれることになったの！

その頃はちょうど夫の運転免許証の返納を考えたり、わたしの足腰が弱くなったりし出した時期でね。病院もスーパーも10キロメートル以上行かんと何もないえらい田舎に住んどるもんで、再会を機に孫が何かと手伝ってくれるようになっただ。

わたしが祖母として孫にしてやったことなんて、ほんの小さいときだけだもん。それなのに本当によぉやってくれる子だわ。本来であれば、わたしは孫にこんな面倒見てもらう立場にないの。あの子は苦労した子だで、よぉ気がつくし、人に優しく出来るだよね。

うちに久しぶりに顔を出すのも緊張しただろうよ。それでも会いにきてくれたのは感謝だねぇ。あの子なりにいろんな思いがあるだろうに。

ほいだもんで、涙がすぐ出てきちまうだ。泣き虫のばあさんでわりぃねぇ。

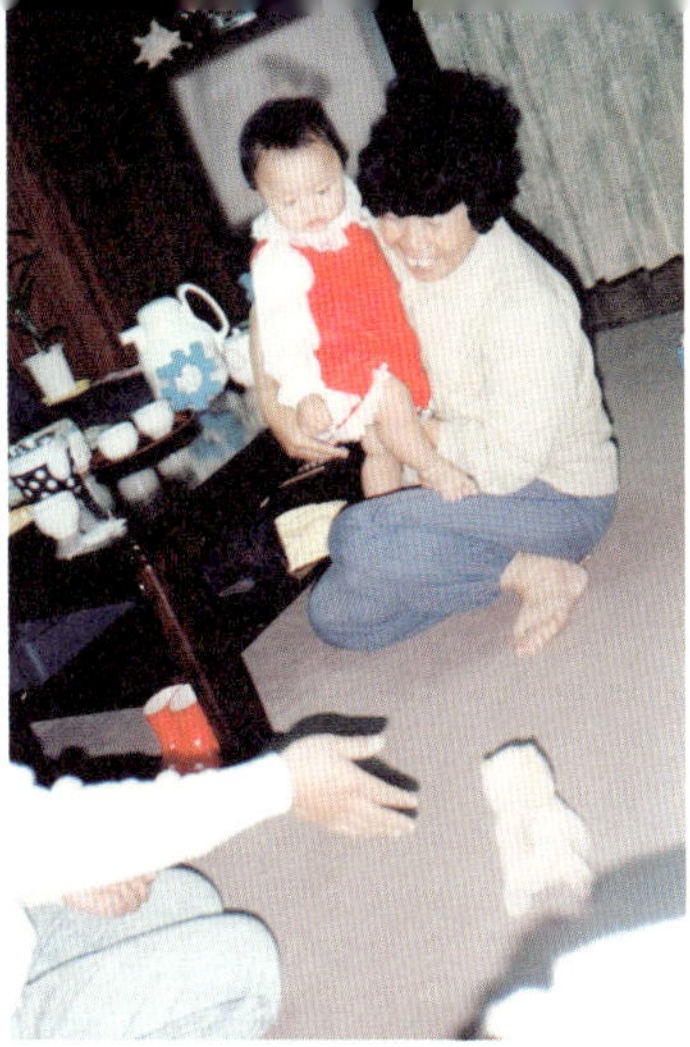

動く犬のおもちゃを孫が怖がってさぁ（笑）。初めて見るもんは怖いだよね

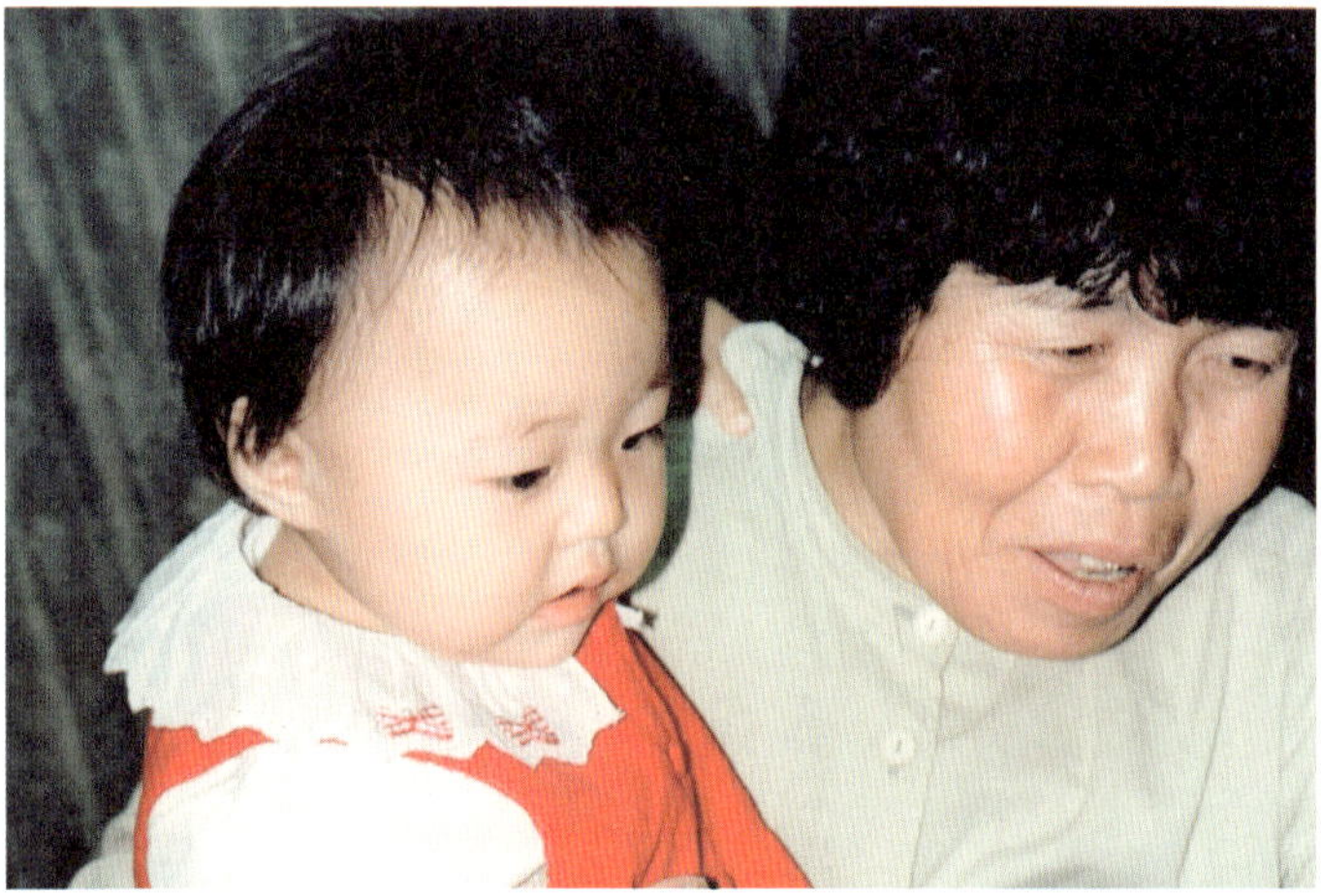

初孫は抱っこするのも何をするのもみんなで取り合いだわ！ 今じゃ大きくなったけど、こんな小さいときもあっただよね。今じゃよぉわたしを助けてくれて感謝だねぇ

さいごに

『人生は夢にぼた餅 80過ぎても楽しく生きとるねぇ』を最後までお読みいただき、ありがとうございました。

孫のyoshinoが執筆を終えたときの気持ちを書かせていただきます。

この本を執筆するために、祖母が経験してきたいろいろなことを改めて聴きました。生まれてから幼少期のこと、嫁ぐ前の暮らし、結婚当時のことやたくさんの思い出、好きなこと、孫のわたしとの時間に思うことなど。約170ページ書きましたが、実はまだまだ書ききれないエピソードがありました。ひとりの人生を本にまとめるには1冊では足りませんね。この本に書いてあることは祖母のほんの一部です。「そんな時間もあったのね」と、どのエピソードもゆるっと受け止めていただけると嬉しいです。

普段から祖母の話をたくさん聞く中で、いつか何かのかたちにして残したいと思っていました。そのため、このような本を出版させていただけることは「家族の記録」を大切にしているわたしからすると最高に嬉しいことです！

本文でも書いたとおり、わたしと祖母は会っていない期間が10年以上ありました。そのため、わたしもまだまだ祖母について知らないことばかりです。でもここ数年は一緒に過ごす時間が多く、他の家族が聞いたことがないようなことをこっそり話してくれることもあり、もしかしたら祖父の次に祖母の話をたくさん聴いてきたのではと思っています。

祖母の話は聞きなれない言葉や知らないことも多く、理解するまで時間がかかるときもあります。ときに謎解きのような、ほんのわずかなヒントを元に伝えたいことを汲み取る必要があるときも。そんな祖母との会話から、根気強く楽しみながら人の話を聴くことの大切さを学びました。冗談も大好きな祖母との会話をこれからも楽しみます。

歳を重ねることにネガティブなイメージを持つ方は多いですよね。肌のハリはなくなり、シワは増え、目は見えにくくなり、耳は聞こえづらくなり、体のあちこちが痛くなり、思うような動きが出来なくなり、忘れることも多くなる。わたしも想像しただけで怖いと思ってしまいます。

ですが、祖母は「高齢になるとこうなるもん。面白いだらぁ? 若い人とこんなに違うの!」なんて笑いながら、体の変化や出来なくなったことを見せてくれます。

「昔のほうが良かった」という言葉を聞くこともありますが、祖母からはいつも「今」を楽しもうとする気持ちが伝わってきます。きっと何もない「昔」を知っているからこそ、祖母は変化を楽しんでいるように思います。

特にSNSは祖母からしたらよく分からないものだと思いますが、いつも明るく楽しんでくれています。祖母もわたしもSNSのおかげで「楽しい」の幅が広がった感覚もあります。その時代に合った過ごし方を柔軟に出来れば、いくつになってもどんなことも楽しめるのかもしれませんね。

祖母は体の痛みを「生きとる証拠！」とよく表現しています。生きていると楽しいことや嬉しいことだけでなく、つらさや苦しみを感じるときもあります。そんなときにも明るく「生きとる証拠！」と笑い飛ばせれば、より軽やかに生きていけそうです。

わたしもいつか祖母と同じく「高齢者」とよばれる年齢になります。そのとき、祖母のように歳を重ねることを楽しみ、ときに面白がれる人でありたいです。

最後に、この場をお借りしまして、貴重な機会をくださった株式会社KADOKAWAの皆様、介護美容についてお話を聞かせてくださった箱石志保さん、いつも応援してくださっている視聴者の皆様、活動を支えてくれている親愛なる家族に心より御礼申し上げます。

2024年12月　祖母と孫ちゃんねる　yoshino

著者プロフィール

祖母と孫ちゃんねる
好奇心旺盛で食べることが大好きなおばあさんの動画や写真を孫のyoshinoさんが撮影し、InstagramやYouTube、TikTokで配信。おばあさんの可愛らしい笑顔やyoshinoさんとの楽しいやりとりに元気をもらっているファンが多い。
Instagram：yoshino.grandma
YouTube：「祖母と孫ちゃんねる」
https://www.youtube.com/@yoshino.grandma

人生は夢にぼた餅
80過ぎても楽しく生きとるねぇ

2024年12月11日　初版発行

著者／祖母と孫ちゃんねる
発行者／山下 直久
発行／株式会社KADOKAWA
〒102-8177　東京都千代田区富士見2-13-3
電話 0570-002-301（ナビダイヤル）
印刷・製本／株式会社リーブルテック

ISBN 978-4-04-607123-1　C0077